《科技金融知识百问》编委会成员

（排名不分先后）

主 编

张五明 杨 涛

副主编

孟 烨 刘 伟 赵晓明 程相宾

成 员

陈若熙 艾文彪 秦响应 郭 净 刘 宾 刘兴宝

黄 兴 涂超洋 张艳慧 李 周 李博雅 荣奕源

王天一 齐孟华 崔红蕊 赵梁皓

科技金融

KEJI JINRONG ZHISHI BAIWEN

张五明 杨 涛 主编

孟 烨 刘 伟 等 副主编

知识百问

人民出版社

发展科技金融需重视五大逻辑共识

杨 涛

科技金融位列中央金融工作会议强调的"五篇大文章"之首，其重要性也日益受到关注。我国的科技金融政策与实践自1985年开始探索，已经取得了显著成果，但是迄今为止，由于在基本共识与发展逻辑方面还有许多模糊之处，这篇"大文章"仍不能被称为"范文"。因此，厘清科技金融的逻辑，对于促进其健康发展，具有重要意义。

首先，需明确科技金融的理论逻辑。其中，关键在于实现金融理论逻辑与技术理论逻辑的有效融合。就前者而言，现代金融体系的根本价值是通过促进资源的优化配置，更好地促进经济增长与社会发展。由此，金融支持科技企业与科技创新，一方面需要厘清金融功能配置的重点，不应只着眼于融资、投资等资金匹配，或许更应该关注风险管理、信息管理等金融市场基本功能的供给，以缓解科技金融服务功能失衡的矛盾。另一方面，需探讨发展科技金融的中间目标与最终目标，不应只局限于科技信贷、科技债券等衡量科技金融产品与服务的中间指标，更应该明确科技金融发展最终目标的优先次序选择，如究竟是着眼于促进经济增长、全要素生产率提升、科技进步与科创成果增加，还是增强产业链供应链韧性、企业活力改善等，最终目标选择的差异性，将直接影响到金融支持科技发展的合理路径选择。

就后者来看，则需充分认识到科技创新特别是重大科技创新的成功或许只是小概率事件，由此需要深入分析技术创新理论自身的特征，研究、发掘、培育科技企业与科技创新的"有效需求"，从而使金融逻辑与技术逻辑寻找"最大公约数"，进而真正以金融力量助力提升科技创新成功的概率。对此，金融支持科技不能只靠"运气"和"撒胡椒面"，而需从技术内在逻辑出发，更缜密地分析科技企业与科技创新需求金融资源的类型、规模、价格、速度、频率与可持续性等。

其次，应重新审视科技金融的实践逻辑。一方面，当前国内众多研究都在对标国外科技金融的成功案例与经验，但考虑到科技创新的特殊性，似乎更应该深入研究科技金融领域的"失败"案例，并从中找到可以借鉴与规避的"雷区"。例如在美国，曾估值 90 亿美元的血液检测创业公司 Theranos 利用宣称的"黑科技"欺骗了众多知名金融机构与投资机构，最后其创始人也锒铛入狱。作为教训的是，在隐身模式（stealth mode）普遍存在的科技创新领域，如果缺乏有效的同行评议与量化指标衡量，则难以真正评估创新活动的"真相"，因此追捧前沿科技的金融与资本也常常付出代价。同时，当我们试图比较海外科技创新案例拥有来自政府、金融机构、投资者等多种金融支持时，更需要分析清楚多样化金融工具的选择逻辑与匹配特点，找到其中可资借鉴的规律。

另一方面，把握我国科技金融实践关键在于抓住"痛点"与"堵点"。例如，科技企业与科技成果的价值评价与信用评估，是各国科技金融发展都面临的难点，在我国遇到的挑战尤甚，因此如能构建一套适应科技规律与国情特色的科技信用评价体系，则是改善科技金融发展生态"土壤"的关键所在。再如，2023年年末我国银行业资产占金融业机构总资产的比重超过90%，证券业和保险业资产规模占比分别为3%和6.5%，在可预期的较长一段时间内，想要依靠扩大直接融资对科技创新的支持，显然是不现实的，由此如何使得风险容忍度相对低的银行资金更好地满足科技企业需求，就成为理论、实践与制度创新的重中之重。

再者，需深刻认识科技金融的政策逻辑。一方面回顾历史，1985年发布的《中共中央关于科学技术体制改革的决定》，提出"对于变化迅速、风险较大的高技术开发工作，可以设立创业投资给以支持"；同年，中国人民银行、国务院科技领导小组办公室发布《关于积极开展科技信贷的联合通知》。由此开启了以政策引导科技金融发展的模式。到2006年发布的《国家中长期科学和技术发展规划纲要（2006—2020年)》中，已初步构建了相对完备的科技金融政策体系与工作机制。如今，经历了多年探索之后，现有的科技金融政策已经是内容丰富、纷繁复杂，包括信贷、债券、股票、保险、创业投资、融资担保在内的科技金融促进政策，体现在各类专项政策与综合政策之中，但是各类政策的统筹设计与综合配置仍然严重不足。更需注意的是，制定科技金融政策并不在于出台多少"政策文本"，而应在真正理解政策能做什么、不能做什么的前提下，推出真正能够改善科技金融服务的"有效政策"。

另一方面，政策评估是指依据一定的标准和程序，运用科学的方法，对政策的效益、效率、效果及价值进行综合判断与评价的行为，为政策的延续、修正、终止和重新制定提供依据，包括对政策的事前、事中和事后评估三种类型。就此而言，与当前各方推动完善的科技成果评价机制相对应，也应该构建科技金融政策的综合评价机制，系统梳理现有政策类型、工具、手段，减少重复而缺乏价值的政策，对有效但缺乏支撑的政策则努力创造外部条件，同时积极探索创新性的政策模式。此外需要注意的是，面对国家重大科技创新以突破"卡脖子"、常规科技创新以提升全要素生产率、中小科技企业创新以夯实基础等不同核心目标，相应的科技金融政策设计思路与运作重点也应有所差异。

还有，应该系统探讨科技金融的体系逻辑。一则，科技金融更需推动供给侧结构性改革与优化，尤其不应该静态、片面地追求特定金融产品的规模与数量，而是要更加动态平衡、结构合理地推动科技金融服务优化。例如，面对科技企业与科技创新"看不准、转化难、风险复杂"的挑战，可构建具有特色的全面风险控制体系，努力为科技活动提供基于全产业链、全生命周期的服务。二则，科技金融的需求侧完善应与供给侧并重。对于许多科技企业尤其是中小科技企业来说，虽然可能在科技专业方面有比较优势，但可能缺乏企业战略规划与高水平管理能力，更缺乏对金融知识、金融产品的有效认识，因此需重点改善其金融需求与金融应用能力。三则，要做好科技金融大文章也不能"单兵突进"，而是抓住与数字金融、绿色金融、普惠金融、养老金融的"交叉地带"，实现功能排列组合的创新与完善，如数字金融带来的新技术与数据增信，就有助于改善科技金融服务效率，面向中小科技企业的绿色金融和普惠金融支持，天然就与科技金融存在连接点。四则，做好科技金融服务也需更多的复合型、专业型人才，现代金融业已经呈现更精细化的专业分工，科技领域更是"隔行如隔山"，如果缺乏科技与金融的复合型专业人才，那么在产品设计、服务模式与效果等方面都可能出现"南辕北辙"。五则，激励相容机制也是必需的要素，亦即使得科技金融活动参与者的行为与整体目标相一致，以实现更高的经济效率和政策目标。例如，我国金融市场一直存在金融资源期限错配的挑战，也缺乏稳定的中长期资本供给，而科技创新则更需要"耐心资本"，对此就需要体制机制的创新来实现激励相容。

最后，也不能忽视科技金融的开放逻辑。当前，稳步扩大金融领域制度型开放已经成为建设金融强国、实现金融高质量发展的重点环节，这强调的是金融领域规则、规制、管理、标准的开放。对于发展科技金融来说，一是应充分利用好外资，因为科技创新虽然存在风险与挑战，但一直是全球资本追逐的重点领域。国务院办公厅发布了《扎实推进高水平对外开放更大力度吸引和利用外资行动方案》，旨在通过优化外商投资环境，吸引更多外资流入高新技术产业和金融市场，为全球投资者提供更多机会。二是合理支持科技企业走出去利用全球资本市场融资，这样既可以扩大金融支持渠道，也可有效改善科技企业治理与扩大品牌影响力，并有效缓冲国际政治博弈的影响。三是科技金融服务体系在经过国内实践检验之后，同样也可以把支持对象放到海外优秀科技企业身上，这不仅能够为金融业拓展新的业务蓝海，也可以缓解"技术脱钩"的冲击。四是从全球来看，近年来都高度重视金融标准化在金融治理中的基础性制度地位，由此科技金融在相关业务规则、商业模式、风险控制、可持续发展等方面，更需要探索相关标准的完善，并争取在开放视野下获得更大的影响力与话语权。

序言二

科技金融的转型发展与未来展望

张五明

　　回顾科技金融的发展历史，可以看到生产力与生产关系变革的脉络贯穿始终，科技金融一头连着科技资源，一头连着金融资源，牵动着经济社会发展的动力与效率，在全球范围内形成了不同的发展模式。我国科技金融发展的重要标志性事件是1985年第一笔科技贷款的落地，经过近40年的时间，当前我国科技金融已经建立起一整套框架体系，形成了以政府部门为引领、科技企业和金融机构为核心、其他多种主体为支撑的发展模式。2023年中央金融工作会议金融"五篇大文章"提出后，科技金融更是被赋予了新的使命，国家和地方也出台了一系列相关政策推动工作布局，我国的科技金融发展进入了新的阶段，也呈现出更多新的特点。

　　一是战略价值更加凸显，科技金融已经从单纯的金融工具上升为推动国家科技自立自强的核心战略。过去科技金融政策并没有统一的顶层设计，只是陆续出台了指导科技贷款、创业投资、科技担保、创新基金、科技保险、科创债券等单一产品的支持和引导政策，科技金融的工具属性较为明显，缺乏整体性和系统性是这一阶段科技金融政策的显著特征。随着科技强国和金融强国发展战略提出，我国在科技金融政策层面开始加强顶层设计，注重政策之间的协同与配合，2025年3月5日，《国务院办公厅关于做好金融"五篇大文章"的指导意见》进一步明确了科技金融的总体目标，即到2027年，科技金融体系与实现高水平科技自立自强目标需求更相适应。科技金融在国家发展战略中的地位日益提升，也形成了自上而下的战略价值共识，科技金融在宏观层面组成了我国构筑全球科技创新竞争力的有力支撑，是助力我国关键核心技术攻关、保障产业链供应链安全的重要一环，对于国家创新体系和区域创新体系建设已成为不可忽视的存在。

二是金融变革步伐加快，科技金融加速向高效率、长周期、全周期、多元化服务支持机制方向转变。

科技金融作为一种融合发展的产物，天然存在着科技与金融领域的信息不对称、投资回报周期错配、风险管理与创新发展不平衡等问题，"金融要回报、企业要收益、科研要时间"的矛盾也由此而来。针对上述关键问题，近年来随着我国资本市场逐渐完善，对于科技创新和金融创新发展规律的认识更为深入，政策层面也形成了更为有效的针对性措施。最为直观的是大幅提升科技金融效率，一方面是由于数字技术的广泛应用和赋能加速了金融领域的变革，另一方面市场机制和政策环境优化带来了要素资源配置效率的提升，据中国人民银行公布数据，2024 年年末我国科技型中小企业获贷率接近 50%，高新技术企业获贷率为 55.7%，且呈现逐年增长趋势。此外，随着《关于加强科技型企业全生命周期金融服务的通知》《关于推动中长期资金入市的指导意见》等政策陆续出台，"壮大耐心资本"和"引导金融资本投早、投小、投长期、投硬科技"成为重要的政策导向，2025 年两会期间"知识产权金融生态综合试点""科技企业并购贷款试点"纷纷出台方案，"金融资产投资公司股权投资试点"进一步扩大范围，金融资本向更长周期布局、加快覆盖各个创新阶段、产品服务的多元化成为重要趋势，随着这些政策的落地实施，科技金融领域也迎来了更为深刻的变革和全方位的发展。

三是技术量变加速质变，科技金融从围绕不同技术形态支持向创新生态全场景需求支持方向转变。当前，全球已经进入颠覆性技术质变发展的前夜，我国作为世界上发明专利有效数最高的国家，截至 2024 年年底，国内发明专利有效量已经达到 475.6 万件，企业发明专利产业化率达到 53.3%。伴随着基础研究的底层创新和应用创新同步进行，技术的商业化进程和产品迭代速度也变得更快，同时，技术赋能经济社会发展领域也更加多元化、场景创新不断加快，推动更多新产业、新业态出现。因此，科技金融过去仅仅围绕创新链的基础研究、技术攻关、概念验证、成果转化、产品化和产业化等不同技术形态环节的产品创新和政策支持已经略显不足，未来的科技金融服务创新面向的是更加系统化的创新体系、创新场景和创新工程，需要构建更为全面和深入的综合服务生态，通过科技与金融的深度融合，推动创新链、产业链、资金链和人才链的协同共振，从"技术要素适配"加速升级为"创新生态赋能"，通过系统性思维重构服务逻辑，以适应颠覆性技术爆发和全场景创新需求。

展望未来，科技金融将在重构"制度—资本—技术"关系中继续扮演关键的加速器角色，需要着眼于战略协同、资本赋能、技术支撑，推动政策、金融、科技的融合发展，实现从制度创新到范式定义的转变，构建具有中国特色的科技金融生态体系。

一是政策层面：构建前瞻性、开放性的制度体系。利用人工智能和大数据技术，建立颠覆性技术预警机制，通过全球论文、专利及投融资数据监测，动态调整政策支持重点；同时，设立"非共识技术创新基金"，为量子计算、合成生物等高风险、长周期领域提供持续性资金支持。推动国际合作与标准制定，借助"一带一路"等国际合作平台，推动跨境知识产权互认和联合研发费用税收抵扣，参与6G、自动驾驶、物联网支付等国际前沿技术的标准制定，通过技术规则输出增强全球竞争力。打造国家级科技金融数据中枢，整合专利数据库、产业链图谱及企业征信信息，改善信息不对称问题，为政策制定和市场评估提供数据支撑。

二是金融层面：重塑服务逻辑与风险定价能力。支持金融机构建立"技术成熟度＋商业化潜力＋社会效益"的复合评估模型，将专利质量、技术扩散能力及 ESG 贡献等纳入授信标准，提升对科技企业的精准评估和风险管理能力。培育长期、耐心的资本市场，推动创投机构"耐心资本"体系建设，试点"科研里程碑对赌协议"，允许以技术实现进度来替代短期财务回报，促进资本向高风险高潜力领域配置，补充早期科技创新资金短缺的问题。针对智能制造、绿色能源、智慧城市等新兴领域，设计"技术特性＋场景需求"组合型产品，提供从研发融资、设备更新、供应链金融到知识产权质押等全周期、全链条服务，助力科技成果转化。

三是科技层面：打造新型创新共同体。围绕多元化融资与跨界协同推动创新生态建设，以企业为创新主体，通过政策引导和平台搭建，整合政府、高校、科研院所、金融机构之间的资源，形成创新链、产业链和资金链的深度融合，共同破解技术突破与产业应用之间的壁垒，为全场景创新提供综合支持。加快突破传统融资模式，支持科技型企业打破分阶段融资局限，探索覆盖基础研究、概念验证、中试放大、规模化量产的整体融资体系，实现政府、资本市场、产业链与企业自身之间的无缝对接与协同发展。鼓励具有技术领先优势的龙头企业设立产业创新基金，通过订单绑定、技术验证等机制，反哺下游中小企业和初创项目，形成良性创新生态圈。

回顾和展望是为了更好地锚定科技金融发展的坐标，在技术迭代与社会需求的动态平衡中探索可持续路径。科技金融发展至今，涉及社会经济生活的方方面面，内容日益丰富，形式愈加多样。为了更加客观真实且尽可能全面地向读者呈现一个立体、全面的科技金融知识体系，我们系统梳理了国内外的文献、政策资料，征集科技金融学者、金融机构从业者、科普作家、技术工程师等各相关行业人员的建议，最终形成了《科技金融知识百问》一书，书中涵盖了从基础理论到实践案例的丰富内容，既有对科技金融概念的辨析界定，也有对国内外成功案例的详细剖析。未来，我们将继续跟踪科技金融最新发展态势，不断更新完善此书，以飨读者。

目　录

CONTENTS

前　言

　　新时代新征程，发展科技金融既是推动金融高质量发展、加快建设金融强国的重要内容，也是推动经济高质量发展、夯实全面建成社会主义现代化强国物质技术基础的迫切需要。在新一轮产业革命和科技变革中，科技金融已成为不可忽视的关键领域，其发展深刻影响着金融机构、企业乃至个人的生活方式、商业模式与财富管理。然而，尽管科技金融在各类政策文件中被广泛提及，学术界围绕科技金融也形成了系列研究成果，但是许多人仍然对这一新兴领域充满了疑问和困惑。什么是科技金融？科技金融发展现状如何？未来科技金融有哪些新的发展方向？在这个充满机遇和挑战的时代，科技金融如何适应新技术带来的机遇和风险？这些问题，都是科技金融这一复杂话题中的疑问。

　　本书旨在通过"百问"这种形式，为读者提供一个清晰、简明的了解科技金融的窗口。全书共分为"定义、产生背景与发展情况""创新产品与创新服务""应用场景与典型案例""政策体系与风险管理""国际发展模式与未来展望"五个部分，紧密围绕党的二十届三中全会、中央金融工作会议等对发展科技金融的重要指示，从科技金融的定义入手，逐步展开对其发展历程的梳理，并从微观产品、中观场景和宏观政策视角出发，分别阐述关于科技金融发展的关键内容，并基于此结合国际经验展望未来发展。本书的"百问"设置不仅从知识的普及角度出发，更注重对当前科技金融行业热点问题的深度剖析。从市场发展趋势、技术创新，到监管政策、行业规范等方方面面，我们通过具体问题的解答，力求帮助读者在理解科技金融发展脉络的同时，能够获得系统的知识框架，并且具备解决实际问题的能力。

总的来说，《科技金融知识百问》是一本针对广大读者需求所编写的实用书籍，作为提升科技金融认知的前瞻性科普读物，既适合金融行业从业者，也适合政策制定者，以及普通投资者和科技金融研究者，我们期待本书的出版能够激发更多人对科技金融的兴趣和热情，共同推动科技金融事业的繁荣发展。当然，科技金融是一个与现实结合紧密、不断动态变化的研究领域，需要不断深入和持续跟踪，才能更好地把握其中的规律和发展趋势。因此，对于本书的局限性和不足之处，请读者不吝指正。

本书编写组

2025 年 1 月

第一章

科技金融的定义、产生背景与发展情况

在全球经济一体化和科技飞速发展的背景下，科技与金融的融合逐渐成为推动社会进步的重要力量。科技金融，不仅改变了传统金融服务的面貌，还为创新型企业提供了前所未有的发展机遇。随着大数据、人工智能、区块链等前沿技术的不断涌现，科技金融正以一种革命性的姿态重塑着全球金融生态。本章将深入探讨科技金融的背景定义，以及它在全球范围内的发展历程，旨在为读者提供一个全面而深入的理解框架，从而更好地把握这一领域的未来趋势和挑战。

第一节　科技金融的理论内涵与概念辨析

1. 什么是科技金融？

科技金融的发展由来已久，最早可以追溯到北宋时期，这是我国历史上商业和技术高度融合的阶段。科技和金融在这一时期首次实现了较为系统的结合，形成了早期的"科技金融"雏形。基于造纸术和印刷术的科技进步，北宋发行了世界上最早的纸币"交子"，"交子"的出现又极大地推动了商业发展，为科技进步提供了有力支持，促进了相关技术的传播和应用，推动了经济的繁荣，为科技研发和创新提供了物质基础和市场需求。从科技金融的发展渊源来看，其实践发展远远早于理论研究。因此，从现实层面理解，科技金融是科技与金融相互融合的领域。随着科技发展和金融发展的相互渗透、相互作用，其内涵也在不断更新和延伸。从这个视角出发，科技金融是科技生态和金融生态融合发展形成的生态系统，是包括科技企业、金融机构、政府部门、社会组织以及其他参与主体在内的运转体系，其核心目标是满足科技活动的需求，促进产业和经济的发展，同时科技和产业进步会反过来提升金融活动效率，从而形成"科技—产业—金融"的良性循环。

相较而言，科技金融的学术研究开始较晚，至今未能形成统一的定义。从文献梳理来看，国外对于创新发展和金融发展之间的相互作用研究很多，但是多侧重于实证研究，并没有提出确切的"科技金融"概念。国内科技金融研究正式被学界纳入研究范畴是在《国家中长期科学和技术发展纲要（2006—2020年)》发布之后，科技与金融的发展关系得到高度重视，其后陆续有学者尝试给科技金融赋予理论意义，并逐渐形成了科技金融工具论、科技金融范式论为代表的观点。其中，科技金融工具论是提出最早、接受度也最为广泛的理论，最早出现于赵昌文等2009年出版的《科技金融》一书中，他在书中将科技金融总结为"促进科技开发、成果转化和高新技术产业发展的一系列金融工具、金融制度、金融政策与金融服务的系统性、创新性安排，是由向科技创新活动提供资源的政府、企业、市场、社会中介等各种主体及其在科技创新融资过程中的行为活动共同组成的一个体系，是国家科技创新体系和金融体系的重要组成部分"[①]。在此基础上，2010年，时任科技部科技经费监管服务中心副主任房汉廷发表了《关于科技

---

① 赵昌文、陈春发、唐英凯：《科技金融》，科学出版社2009年版。

金融理论、实践与政策的思考》一文，赋予了"科技金融"四重内涵：其一，科技金融是一种创新活动，即科学知识和技术发明被企业家转化为商业活动的融资行为总和；其二，科技金融是一种技术—经济范式，即技术革命是新经济模式的引擎，金融是新经济模式的燃料，二者合起来就是新经济模式的动力所在；其三，科技金融是一种科学技术资本化过程，即科学技术被金融资本孵化为一种财富创造工具的过程；其四，科技金融是一种金融资本有机构成提高的过程，即同质化的金融资本通过科学技术异质化的配置，获取高附加回报的过程。① 此后，关于科技金融的研究概念大多可以归于以上两类理论范畴中，或者是基于两者的融合或延伸。

2. 科技金融产生的背景是什么？

科技金融的出现和发展与全球经济变迁密不可分，回顾世界历史上重要的工业革命发展历程，可以看到关键技术的出现，也可以看到金融制度的创新。科技作为经济发展的重要动力来源，其创新和应用需要金融的支持，而金融的发展也需要科技的推动。二者的融合和发展，共同构成了新经济发展和壮大的重要支撑（见图 1-1）。

---

① 房汉廷：《关于科技金融理论、实践与政策的思考》，《中国科技论坛》2010 年第 11 期。

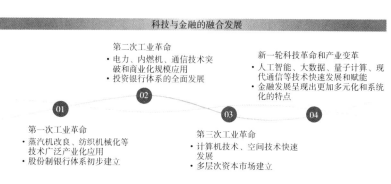

科技与金融的融合发展

第二次工业革命
· 电力、内燃机、通信技术突破和商业化规模应用
· 投资银行体系的全面发展

新一轮科技革命和产业变革
· 人工智能、大数据、量子计算、现代通信等技术快速发展和赋能
· 金融发展呈现出更加多元化和系统化的特点

第一次工业革命
· 蒸汽机改良、纺织机械化等技术广泛产业化应用
· 股份制银行体系初步建立

第三次工业革命
· 计算机技术、空间技术快速发展
· 多层次资本市场建立

图 1-1　工业革命与科技金融的融合发展

　　第一次工业革命实现了蒸汽机改良、纺织机械化等技术的广泛产业化应用，也完成了股份制银行体系的初步建立。彼时，英国已经完成了金融革命，并构建起完善的金融体系，英格兰银行开始向兼具中央银行职能的机构过渡，伦敦证券交易所成立，加速金融市场资金成本下降，为工业革命提供大量低成本资金，用于购买机器设备、建设工厂和雇佣工人等。第一次工业革命产生的新工业企业和贸易公司对资金的需求促使金融机构不断创新金融产品和服务，银行开始提供更灵活的贷款方式，以满足工厂主扩大生产规模的资金需求；证券市场也不断完善，以适应企业通过发行股票和债券筹集资金的需要。

　　第二次工业革命实现了电力、内燃机、通信技术的突破和商业化规模应用，也实现了投资银行体系的全面发展。大规模工业发展和基础设施建设需求刺激了美国资本市场和投资银行业务的创新。美国在继承英国金融体系的基础上大力发展投资银行，通过并购重组等方式优化产业结构，将资源集中到优势企业，为工业发展提供资金，推动了工业的电气化进程。第二次工业革命的投资银行在企业并购重组、证券承销等方面不断发展，海外金融网点的设立也是为了满足工业企业海外扩张的金融需求，投资银行的业务范围也从国内拓展到海外，金融市场的国际化程度提高。

第三次工业革命实现了计算机技术、空间技术的发展，也实现了多层次资本市场的建立。传统的信贷和保险业务已经无法满足高新技术产业的快速发展需求，风险投资和金融科技的出现加速了信息化时代的到来，多层次的资本市场使得不同规模、不同发展阶段的信息技术企业都大大提升了获得资金支持的可能。同时，信息技术的发展使金融服务突破了时空限制，电子支付系统、网上银行等金融创新产品出现，跨国金融机构得到长足发展，外汇市场形成，金融市场的规模因多层次资本市场的发展而扩大，全球资本流动更加自由和高效，金融市场的范围也拓展到全球各个角落。

当前，新一轮科技革命和产业变革已经拉开序幕，在人工智能、大数据、量子计算、现代通信等技术支持下，数字化、网络化、智能化正在深刻地改变着全球经济和社会的方方面面，科技金融发展呈现出更加多元化和系统化的特点。面对创新企业、前沿技术产业和引领性产业集群的金融需求，金融产品创新加快，供应链金融、数字金融、绿色金融等新型金融业态和模式不断涌现，不仅提高了金融服务的效率和便捷性，还降低了金融交易的成本和风险，为实体经济的发展提供了更加有力的支持。未来随着更多颠覆性技术的出现和发展，金融产品也将迎来新的变革，数字货币、数字资产等新型货币形式和资产形态的出现，将有望进一步推动金融体系的革新，深刻影响金融市场的运作机制和监管方式。

3. 科技金融在我国主要经过了哪些发展阶段？

我国科技金融发展始于20世纪80年代，经过了萌芽探索期、初步成长期、快速突破期和深度融合期四个发展阶段（见图1-2）。

一是萌芽探索期（1980—1992年）。这一时期，我国改革开

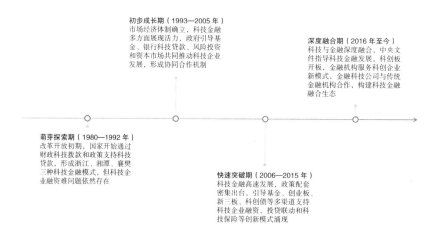

初步成长期（1993—2005年）
市场经济体制确立，科技金融多方面展现活力，政府引导基金、银行科技贷款、风险投资和资本市场共同推动科技企业发展，形成协同合作机制

深度融合期（2016年至今）
科技与金融深度融合，中央文件指导科技金融发展，科创板开板，金融机构服务科创企业新模式，金融科技公司与传统金融机构合作，构建科技金融融合生态

萌芽探索期（1980—1992年）
改革开放初期，国家开始通过财政科技拨款和政策支持科技贷款，形成浙江、湘潭、襄樊三种科技金融模式，但科技企业融资难问题依然存在

快速突破期（2006—2015年）
科技金融高速发展，政策配套密集出台，引导基金、创业板、新三板、科创债等多渠道支持科技企业融资，投贷联动和科技保险等创新模式涌现

图 1-2 我国科技金融主要发展阶段

放的春风刚刚吹起，科技领域渴望资金支持实现腾飞，金融领域也开始试探着向科技伸出援手。1982 年开展的国家科技攻关计划，为后续财政科技拨款模式奠定了基础，开启了政府运用财政力量撬动科技发展的尝试。紧接着，1985 年 3 月《中共中央关于科学技术体制改革的决定》横空出世，明确提出设立创业投资、开办科技贷款，犹如一声春雷，打破了科技与金融之间的隔阂，奏响了科技金融实践的序曲。在此期间，我国逐渐形成了三种具有代表性的科技金融发展模式：1980 年浙江模式率先试行有偿科研经费，科学技术委员会负责审批，银行单纯承担发放、监督、回收贷款的任务；1983 年湘潭模式出现，科学技术委员会将部分科技拨款改为委托银行贷款，银行的参与度有所提升；1984 年襄樊模式更是创新性地设立专门机构开展科技贷款，聚集专项资金，精准投向科技领域，初步探索出一条金融助力科技的可行路径。这些早期探索虽然规模尚小、模式尚显稚嫩，但成功为科技项目引入了一定资金流，激发了部分科技企业的活力。然而，受限于当时整体金融市场不发达、风险管控手段匮乏等因素，科技贷款的覆盖面较窄，创业投资更是处于萌芽状态，多数科技企业仍面临融资难的困境。

二是初步成长期（1993—2005 年）。这一时期，随着市场经济体制逐步确立，科技金融迎来了成长的契机，开始在多方面展现活力。1996 年起，科技部开启了利用债券市场为高新区建设融资的探索，先后多次成功捆绑发行企业债券，开辟了高新区发展的新融资路径。1999 年 11 月《关于建立风险投资机制的若干意见》重磅发布，为风险投资事业注入强心剂，吸引了大批资本涌入创业投资领域。2002 年 1 月，中关村管委会出资设立"中关村创业投资引导资金"，成为我国政府引导创业投资的先锋典范，开启了政府资金"四两拨千斤"的引导新模式。在此期间，银行科技贷款业务持续优化，贷款额度逐步增加，投向更加精准，不仅支持大型科技项目，也开始关注科技型中小企业。风险投资蓬勃发展，国内外风险投资机构如雨后春笋般涌现，挖掘出一批有潜力的科技初创企业。同时，资本市场也有了新动作，一些科技企业开始尝试上市融资，尽管数量有限，但为后来者开辟了道路。政府、银行、风险投资机构之间的协同合作机制开始形成，政府通过政策引导、资金扶持，搭建起科技金融平台；银行利用自身资金优势，为科技企业提供稳健的信贷支持；风险投资机构则发挥其风险偏好高、善于挖掘创新潜力的特点，与银行信贷形成互补，共同为科技企业不同成长阶段提供资金保障。

三是快速突破期（2006—2015 年）。这一时期，在全球科技竞争日益激烈、国内经济转型压力增大的背景下，我国科技金融进入高速发展、多点突破的黄金阶段。以 2006 年《国家中长期科学和技术发展规划纲要（2006—2020 年)》发布为标志，科技金融发展的后续配套政策密集出台。国家开发银行与科技部签署大额贷款合作协议，中国出口信用保险公司为高新技术产品出口提供优惠保险服务，从多维度拓宽科创企业资金来源。2007 年科技型中小企业创业投资引导基金设立，开启了大规模政府引导基金扶持科技中小企业的新篇章；2014年国家科技成果转化引导基金设立，专注于攻克科技成果转化的资金瓶颈；2015年国家新兴产业创业投资引导基金和国家中小企业发展基金相继登场，形成全方位、多层次的引导基金矩阵，强力推动科技金融生态繁荣。在此期间，A股市场设立创业板，为成长型创新创业企业量身打造融资平台，众多科技企业借此东风成功上市，开启资本扩张之路。同时，新三板市场蓬勃发展，为海量中小企业提供挂牌展示、股权交易机会，拓宽了非上市科技企业的融资渠道。此外，债券市场也不甘示弱，科创票据、科创公司债等创新产品纷纷涌现，丰富了科技企业的债务融资工具库。投贷联动模式兴起，银行打破传统信贷局限，与投资机构深度合作，在为科技企业提供贷款的同时，获取一定股权收益权，实现风险与收益的平衡。科技保险领域也有诸多创新，针对科技研发、成果转化过程中的风险设计专属保险产品，为科技企业保驾护航。互联网金融也在这一时期异军突起，P2P、众筹等模式为科技融资带来新思路，虽后续经历整顿，但也为行业发展留下宝贵经验。

四是深度融合期（2016年至今）。当今时代，科技与金融宛如一对紧密交织的螺旋，相互渗透、深度融合，推动经济社会迈向新高度。2016年，诸多中央文件聚焦科技金融融合发展，从顶层设计层面为行业指引方向，原银监会、科技部与中国人民银行联合推动投贷联动试点，开启金融机构服务科创企业新模式；

2019 年，创新被提上现代化建设全局的核心地位，科创板正式开板，试点注册制；2021 年，国家开发银行设立科技创新与基础研究专项贷款，为前沿科技突破提供专项资金支持，《国家科技成果转化引导基金管理暂行办法》聚焦提升基金运营效率重新修订，北京证券交易所揭牌开市，精准定位服务科技创新型中小企业，打造特色资本市场生态。在此期间，大数据、人工智能、区块链等前沿科技全面赋能金融行业，数字人民币试点落地。金融科技公司茁壮成长，与传统金融机构既竞争又合作，共同重塑金融服务流程，大幅提升服务效率与质量。政府、金融机构、科技企业、高校科研院所等各方力量深度协作，构建起完备的科技金融融合生态。科技园区、孵化器等成为科技金融对接的前沿阵地，汇聚各类资源，为初创科技企业提供一站式服务。尽管科技金融未来仍面临风险与挑战，但科技金融融合生态已经形成了坚实基础，未来科技金融在我国的发展将迈入崭新阶段，在服务实体经济、促进产业升级、防范金融风险等方面发挥更加积极的作用，为我国经济高质量发展贡献更多力量。

4. 科技金融与新质生产力发展有什么联系？

2023 年 9 月"新质生产力"首次提出，2024 年 1 月中共中央政治局第十一次集体学习中，习近平总书记首次全面系统阐释了新质生产力的重要概念和基本内涵。"新质生产力是创新起主导作用，摆脱传统经济增长方式、生产力发展路径，具有高科技、高效能、高质量特征，符合新发展理念的先进生产力质态。它由技术革命性突破、生产要素创新性配置、产业深度转型升级而催生，以劳动者、劳动资料、劳动对象及其优化组合的跃升为基本内涵，以全要素生产率大幅提升为核心标志，特点是创新，关键在质优，本质是先进生产力"[①]。可以看到，科技金融与新质生产力发展具有千丝万缕的联系，二者以科技创新发展为结合点，形成了互促互进的发展模式。

其一，科技金融是新质生产力发展的重要支撑。新质生产力的发展往往涉及新兴技术的研发和应用，科技企业在这个过程中需要大量的资金投入。科技金融通过多种渠道为其提供资金，如风险投资（VC）和私募股权投资（PE）能够为处于初创期和成长期的科技企业提供股权资本。例如，在人工智能领域，很多初创企业凭借风险投资资金，进行算法研发、数据收集和人才招募，推动了人工智能技术的进步，从而为新质生产力的形成提供技术基础。银行等金融机构的科技信贷也为科技企业的日常运营和技术升级提供了资金支持，帮助企业扩大生产规模，加速新技术的产业化。科技金融能够引导金融资源

[①]　习近平：《发展新质生产力是推动高质量发展的内在要求和重要着力点》，《求是》2024 年第 11 期。

向具有高潜力的新质生产力领域聚集，通过金融市场的筛选机制，资金会流向那些技术创新能力强、市场前景广阔的科技企业。此外，科技金融在支持科技企业、科研机构、高校等创新主体之间的合作中也发挥着重要作用，通过设立产学研合作基金，鼓励高校和科研机构的科研成果向企业转移转化，促进创新要素的流动和整合，形成有利于新质生产力发展的创新生态。

其二，新质生产力为科技金融提供广阔的发展空间和创新动力。新质生产力的发展催生了许多新兴产业和创新型企业，比如量子计算、基因编辑等新领域，为科技金融开辟了新的业务范围，科技金融机构可以为这些新兴企业提供从早期孵化到成长阶段的一系列金融服务，包括融资、投资、风险管理等。此外，新质生产力的发展也会推动金融服务不断革新，促使科技金融不断创新金融产品和服务模式。例如，在智能制造领域，企业需要大量的设备更新和智能化改造资金，这推动了金融租赁等业务的创新，科技金融机构可以开展智能设备租赁业务，帮助企业降低设备采购成本，提高资金使用效率。同时，新质生产力发展中的数字化趋势也促使科技金融加速数字化转型，利用大数据、人工智能等技术提升金融服务质量和效率。

5. 科技金融与金融科技有什么联系与区别?

　　科技金融与金融科技是两个互为补充的概念。科技金融更侧重于科技与金融的融合发展,尤其是为科技企业和创新型产业提供服务,推动产业升级。而金融科技则专注于通过技术手段改善传统金融业务,提升金融服务的效率和便捷性。二者都依赖于新兴技术的发展,推动金融与技术的深度融合,推动金融行业向数字化、智能化、创新化发展,但是二者在概念发展、应用领域、产品形态和目标用户等方面存在显著不同。

　　从概念发展来看,金融科技概念出现时间较早,金融稳定理事会(FSB)于2016年年初对"金融科技"作出定义,即金融科技(FinTech)是指技术带来的金融创新,它能创造新的业务模式、应用程序、流程或产品,从而对金融市场、金融机构或金融服务的提供方式造成重大影响。金融科技强调将技术作为服务金融产业发展的手段,在具体应用和发展过程中,仍需遵循金融市场运行的基本规律。科技金融的概念则出现较晚,是从产业金融的概念衍生而来的,更加强调科技产业与金融产业融合,侧重于科技产业支持,通过技术推动产业与金融的融合。

　　从应用领域来看,科技金融本质上是金融服务的一个分支,重点在于金融对科技产业的支持,主要目的是为科技企业提供资金支持，促进科技成果的转化和科技产业的发展，从金融供给侧角度出发，通过整合金融资源，包括银行信贷、风险投资、资本市场融资等多种方式，来满足科技企业从初创期到成熟期不同阶段的资金需求。金融科技本质是科技在金融领域的应用，利用新兴技术对传统金融行业进行改造和创新，从技术驱动角度出发，重点关注如何将新技术融入金融服务的各个环节。

从产品形态来看，科技金融业务主要集中在科技企业的融资、投资和风险管理等方面，其中融资业务包括提供科技贷款、知识产权质押融资等；投资业务涉及天使投资、风险投资对科技初创企业的股权投资；风险管理业务包括为科技企业提供科技保险等。而金融科技的业务范围涉及金融服务的全流程，包括支付清算、借贷融资、财富管理、保险、证券交易等多个领域，在支付清算方面有移动支付、跨境支付等创新方式，在借贷融资方面有基于大数据风控的网络借贷平台，在财富管理方面有智能投顾、智能合约等服务。

从目标客户来看，科技金融面向具有较高的技术含量和创新潜力的企业，包括但不限于高新技术企业、科技型中小企业、科研机构等，聚焦于解决科技创新过程中的资金短缺、融资困难等问题。金融科技的用户范围则相对更广，几乎涵盖了金融体系中的所有参与者，包括银行、证券、保险等金融机构、个人投资者、金融消费者以及需要金融服务的各类非金融企业。

6. 科技金融与科创金融有什么
联系与区别？

　　科技金融与科创金融是一组包含与被包含的关系，科创金融可以看作是科技金融的一个重要组成部分。相较而言，科技金融概念更为宽泛，它是指为科技产业的发展提供金融资源的一系列活动，涵盖了科技企业全生命周期的金融服务，包括科技企业创立初期的天使投资、风险投资，企业成长过程中的银行信贷、金融租赁，企业成熟阶段的资本市场融资以及为科技企业提供的保险、担保等金融服务。同时，还涉及政府出台的金融政策对科技产业的扶持，如税收优惠、财政补贴等措施来引导金融资源向科技产业流动。

　　科创金融则更聚焦于科技创新这个核心环节，主要是围绕科技创新活动开展的金融服务，重点是对科研项目研发、新技术孵化等前端创新阶段提供资金和金融服务支持，像专门的研发基金、为科技成果转化设立的天使投资基金等，科创金融更强调对创新潜力的挖掘和培育，是科技金融范畴内专注于科技创新领域的一个重要组成部分。曾刚、杨川在《科创金融：中国创新金融的实践》一文中赋予了科创金融定义，提出科创金融是基于科技成果的商业价值和持续创新能力预期的科技信用创造，并指出了科创金融的概念范畴，认为凡是需要以科技成果的创新属性（如领先性、技术壁垒、技术迭代周期等)、持续研发能力,以及创新保护能力(知识产权体系)来判断价值的资产(我们称之为"技术资产"),都可以归类为科创金融。①

从理论概念可以看到科技金融和科创金融的主要区别在于关注的领域与服务对象的不同,此外二者在政策工具、实施主体等方面的不同,也可从侧面体现两个概念的联系与区别。首先,科技金融政策工具较为多样化,包括货币政策工具如科技创新再贷款、设备更新改造专项再贷款等引导金融机构向科技型企业提供信贷支持;财政政策方面如财政补贴、税收优惠等鼓励企业加大研发投入和创新;还通过建立科技金融专营机构、完善风险补偿机制、推动投贷联动等创新金融服务模式和机制。相较而言,科创金融则更强调针对科创企业的特点进行定制化,如设立专门的科创基金、创业投资引导基金,鼓励社会资本参与;在资本市场方面,积极推动科创板、北交所等资本市场的改革和创新,为科创企业提供更便捷的上市融资渠道;开展知识产权质押融资、科技成果转化贷款等特色业务。此外,科技金融的实施主体以政府部门为主导,包括中国人民银行、科学技术部、国家金融监督管理总局、中国证券监督管理委员会等多部门协同合作,共同制定和实施政策,金融机构、科技企业、中介服务机构等也积极参与其中;而科创金融除了政府部门的积极推动和引导外,更强调发

---

① 曾刚、杨川:《科创金融:中国创新金融的实践》,《新金融》2024 年第 6 期。

挥市场主体的作用，如创业投资机构、私募股权投资机构、科技金融专营机构等在科创金融服务中的核心作用，通过市场机制的作用，实现金融资源的优化配置和高效利用。

7. 科技金融与创新金融有什么联系与区别？

"创新金融"概念来自国外研究，是探索创新活动与金融活动关系的概念，与国内提出的"科技金融"概念相近。科技金融与创新金融的联系在于，两者都关注金融活动对于经济社会发展的推动作用，特别是在创新领域。科技金融通过支持科技产业的发展，间接推动了金融创新，因为科技产业的进步为金融产品和服务提供了更多的应用场景和需求。同时，创新金融的发展也为科技金融提供了更多的融资工具和手段，促进了科技金融的深化和拓展。

由于市场环境、政策背景和发展重点的不同，科技金融与创新金融的侧重点各有不同。科技金融重点在于金融对科技产业的支持，是围绕科技企业的融资、投资、保险等金融服务展开的，强调金融资源与科技产业的结合，以促进科技的创新和发展，其核心是通过金融手段解决科技企业的资金问题，推动科技成果的商业化。创新金融则更侧重于金融本身的创新，包括开发新的金融衍生品、结构化产品等金融产品创新，互联网金融模式、智能投顾服务等金融服务模式创新，金融控股公司的设立、金融科技子公司的成立等金融机构组织形式创新。从服务领域来看，创新金融不仅注重技术创新，还强调其他类型的创新，如商业模式创新、产品创新、服务创新等。因此，创新金融不仅服务科技领域，还扩展到广泛的创新产业和跨界融合领域。科技金融则更侧重于科技产业的支撑，尤其是以科技创新为核心的产业，强调通过金融支持推动科技成果的转化，帮助科技企业更好地融入产业生态系统。

在国外，特别是在欧美国家，其创新金融的体系较为成熟，政府和市场化机构如风险投资基金、天使投资等提供了丰富的支持渠道，通过激励创新、税收优惠、金融改革等手段，创造有利创新的金融生态环境。同时，创投、股权融资、融资租赁等创新金融工具都具有全球化特点，支持跨国、跨地区的创新合作。我国的科技金融虽然也在迅速发展，但是政策体系相对较新且依赖政府的强力推动，近年来我国各级政府大力推动科技金融发展，不断提升政策支持力度，在支持科创板发展、金融支持实体经济政策、大力支持地方政府推动科技企业和创新型企业的金融服务等方面出台了多项政策。整体来看，我国科技金融发展具有鲜明特色，尤其是针对中小企业、创新型初创公司的政策支持以及对创新成果转化的鼓励等方面不断探索和完善，未来，我国科技金融将在政策引导下，进一步优化金融资源配置，提升金融服务效率，形成更加开放、包容、协同的创新金融生态系统。

第二节 从金融"五篇大文章"的 关系中解读科技金融

深化金融体制改革的核心,需要合理定位"五篇大文章",从而更好地把握其内在逻辑关系(见图1-3)。一是科技金融是做好"五篇大文章"的重要抓手,因为诸多领域的特色金融创新都是为了增强经济发展动力、提高全要素生产率,这就需要不断加强技术进步对经济增长的贡献度,以科技自立自强来应对复杂的国内外新挑战,从而服务于教育强国、科技强国、人才强国、文化强国、体育强国等强国建设。二是普惠金融和养老金融则是做好"五篇大文章"的重要落脚点。因为金融强国建设是否成功,不仅看金融业自身的发展绩效,更要看能否补上金融服务短板,给客户

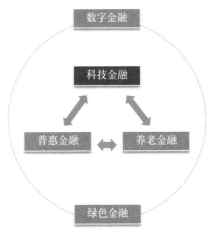

图1-3 金融"五篇大文章"的关系

带来真正的价值，从而实现金融的政治性、人民性。三是绿色金融是做好"五篇大文章"的重要补充，因为从绿色金融到转型金融的探索，既能够促进经济社会可持续发展，实现"绿水青山就是金山银山"，也是较少能够在全球形成国家共识的着力点。四是数字金融是做好"五篇大文章"的主线，因为伴随着数字化与新技术的演进与冲击，金融机构、市场、产品、制度等都发生了日新月异的变化，众多金融功能与价值的实现都离不开数字化的加持，因此，数字金融贯穿着完成其他"四篇大文章"的全流程。

8. 科技金融与绿色金融的关系是什么？

在金融服务实体经济高质量发展的"五篇大文章"中，科技金融与绿色金融紧密相连、相辅相成，共同为经济的可持续增长贡献关键力量，两者的关系在多个维度上呈现出丰富的细节与全面的联系。

从发展目标来看，科技金融与绿色金融高度契合可持续发展理念。科技金融着力于推动科技创新成果的转化与产业化，通过提供多样化的金融支持，助力科技企业突破资金瓶颈，加速技术创新进程，进而提升整个社会的生产效率与经济发展质量。绿色金融则聚焦于引导资金流向节能环保、清洁能源、生态修复等绿色产业领域，旨在减少经济活动对环境的负面影响，促进生态平

衡与资源的可持续利用。本质上，两者都是为了实现经济、社会
与环境的协调共进，只不过科技金融更侧重于通过科技力量驱动
经济增长的质效变革，而绿色金融更着眼于经济发展的绿色底色
描绘，共同为可持续发展的长远目标服务。

　　在产业赋能方面，二者相互交织、协同增效。科技金融为绿
色产业发展注入强大动力，众多绿色技术的研发与应用离不开科
技金融的支持。例如，在新能源汽车领域，从电池技术的研发创
新到智能驾驶系统的升级完善，风险投资、科技信贷等科技金融
手段为相关企业提供了关键资金，加速技术突破与产品迭代，推
动绿色产业从传统向高端化、智能化迈进，增强其市场竞争力与
发展潜力。反过来，绿色金融也为科技企业营造了良好的发展环
境与市场机遇。随着全球对环境问题的关注度不断提升，绿色标
准日益严格，科技企业在研发过程中更加注重节能减排、资源循
环利用等绿色技术的融入，以契合市场需求与监管要求，而绿色
金融对这些绿色科技研发项目的优先支持，促进了科技企业的绿
色转型与升级，拓展了科技产业的绿色发展空间，使得科技企业
在实现自身技术进步的同时，也为环境保护贡献力量，进一步提
升了科技产业的整体形象与社会价值。

　　在创新驱动层面，两者相互借鉴、融合创新。科技金融依托
大数据、人工智能、区块链等前沿技术，实现了金融服务模式的
创新升级。比如，利用大数据分析科技企业的创新能力、市场前
景与信用状况，为其提供精准的风险评估与融资方案，提高了金

融资源配置效率；区块链技术则增强了科技金融交易的透明度与安全性，降低信任成本，优化金融生态。绿色金融同样积极拥抱科技创新，通过引入环境风险评估模型、卫星遥感数据监测等技术手段，更精准地衡量绿色项目的环境效益与潜在风险，为绿色金融产品的定价、投资决策提供科学依据，同时创新推出绿色债券、绿色基金、碳金融产品等多样化金融工具，满足不同绿色产业主体的融资需求，激发绿色市场活力。而且，科技金融中的创新技术应用经验也为绿色金融的数字化、智能化转型提供了有益借鉴，促进绿色金融服务效率与质量的提升，推动绿色金融市场向纵深发展，进一步提升金融服务实体经济绿色转型与科技创新发展的综合能力。

在风险管理上，科技金融与绿色金融也存在紧密关联。科技企业由于其高投入、高风险、高回报的特性，往往面临技术创新失败、市场需求变化等诸多风险。科技金融机构借助先进技术构建风险管理体系，如利用机器学习算法对科技企业的海量数据进行分析挖掘，提前预警潜在风险，通过多元化的金融产品组合分散风险，提高风险应对能力，保障金融资产的安全与收益稳定。绿色金融面临的风险则具有独特性，除了常见的信用风险、市场风险外，还涉及环境风险与政策风险。例如，气候变化可能影响绿色项目的收益稳定性，而环境政策法规的变动也会对绿色产业发展产生重大影响。因此，绿色金融在风险管理中同样需要运用科技手段，对环境风险因素进行量化评估与动态监测，及时调整投资策略与资产配置,确保金融资源在绿色领域的有效配置与风险可控。同时,科技金融的风险管理经验与工具也有助于绿色金融机构更好地识别、评估和应对复杂多变的风险环境,增强绿色金融体系的稳健性与可持续性,为科技与绿色产业的长期稳定发展提供坚实保障。

综上所述,科技金融与绿色金融在目标、产业、创新及风险管理等多个维度紧密相连,形成了一种相互促进、协同发展的有机关系。在金融发展的进程中,应充分把握两者的内在联系,强化政策协同、资源整合与创新合作,推动科技金融与绿色金融深度融合,汇聚金融力量,为经济高质量发展、生态环境改善以及社会可持续发展书写精彩篇章,共同绘就金融服务实体经济的美好蓝图,使其成为推动经济社会向绿色、创新方向转型发展的核心引擎,释放出金融支持实体经济发展的巨大效能与价值,在全球可持续发展的浪潮中展现我国金融的担当与作为,开创金融与经济、社会、环境共赢发展的新局面,引领金融发展新趋势,塑造金融发展新格局,为人类社会的可持续繁荣贡献不可或缺的金融智慧与力量。

9. 科技金融与普惠金融的关系是什么?

在金融服务实体经济高质量发展的"五篇大文章"中,科技金融是普惠金融的重要推动力，通过技术手段降低金融服务成本，提升服务效率，使金融服务覆盖更广泛的人群和企业；而普惠金融则为科技金融的发展提供了市场需求和政策支持，推动科技金融向农村金融、小微金融、绿色金融等普惠金融领域深入发展。两者的核心目标一致，都是为了实现金融服务的普及化、便捷化和可持续发展，推动经济增长和社会公平，在技术创新、市场需求、政策支持等方面协同发展，形成了一个互促互进的良性循环，助力经济高质量发展和金融普惠化目标的实现。

从技术创新来看，科技金融依赖的大数据、人工智能、区块链等前沿技术，也推动了普惠金融的深度发展。科技金融利用大数据技术解决传统金融中的信息不对称问题，使金融机构能够更准确地识别小微企业和个人用户的信用状况，从而扩大贷款覆盖范围；通过人工智能技术，金融机构可以实现智能风控和精准营销，大幅度降低普惠金融的成本，提高金融服务的可持续性。移动互联网技术推动普惠金融服务不断突破时间和空间的限制，通过手机银行、移动支付等应用，普惠金融服务可以延伸到偏远地区。例如，在一些农村地区，农民可以使用手机银行进行转账汇款、缴纳水电费等基本金融操作，还可以通过移动支付平台购买农资产品。云计算技术为普惠金融提供了强大的计算和存储能力，使得金融机构能够更高效地处理大量的小额交易，有助于降低金融服务的成本，从而使金融机构有动力将服务范围扩大到更多的低收入人群和小微企业。

　　从市场需求来看，普惠金融庞大的客户群体为科技金融技术的应用提供了丰富的场景，并倒逼科技金融创新。普惠金融受众庞大，小微企业渴望低成本融资用于扩大生产、更新设备，农村居民期盼便捷金融服务助力农产品销售、农业现代化转型。于是，针对农业生产周期的"农贷分期"产品问世，融合生物识别、卫星遥感数据监测农户生产进度，按阶段放款，面向小微电商的"电商贷"，结合店铺流水数据与 AI 风控，即时满足其备货资金需求，实现精准供给。此外，普惠金融业务产生的大量数据对于科技金融的发展也至关重要，包括小微企业的经营数据、个人消费者的消费行为数据等，通过对这些数据的挖掘和分析，科技金融可以进一步优化风险评估模型、产品设计和服务流程。

　　从政策支持来看，近年来，国家高度重视金融服务实体经济，在相关政策规划里，常将科技金融与普惠金融统筹考量，将普惠金融作为金融改革的重要目标，同时强调科技创新在金融普惠化过程中的关键作用，二者政策相辅相成，因为科技企业中不少是小微企业，这类重叠群体能借助双重政策东风，获取资金与服务。2023 年《国务院关于推进普惠金融高质量发展的实施意见》中强调要"强化科技赋能"，支持小微企业科技创新，利用大数据、云计算、人工智能等技术手段提升金融服务覆盖率。关于科技金融的相关文件中，虽然未直接提及普惠金融相关的内容，但是文件中关于科技金融业务的拓展和创新，能够为普惠金融提供技术支持和创新借鉴，提升普惠金融的服务效率和质量，间接促进普惠金融的发展。此外，从各地推动金融改革试点政策来看，试点融合科技金融与普惠金融服务，不再将科技金融与普惠金融孤立操作，既给予科技初创企业普惠性政策，又配套知识产权质押融资、科技风投引导基金等科技金融专项支持，整合区域资源，为企业打造一站式金融服务平台，加速技术成果转化的同时，也让普惠金融服务嵌入科技产业生态。

10. 科技金融与养老金融的关系是什么？

在金融服务实体经济高质量发展的"五篇大文章"背景下，科技金融通过技术手段提高养老金融服务的效率、精准度和安全性，养老金融推动科技金融的产品创新和场景拓展，两者协同发展，在创新驱动、产业发展等方面紧密相连、相互影响，共同推动金融领域的发展与变革。

一是相互赋能，创新驱动发展。科技金融为养老金融注入创新活力，借助大数据、人工智能等前沿技术，养老金融机构能够对老年客户群体进行精准画像，深度剖析其收入状况、消费习惯、健康风险等多维度信息，进而量身定制个性化的养老理财规划、保险产品套餐等；智能穿戴设备与金融服务的融合，实现对老年人健康数据的实时采集与传输，为老年人的生活保驾护航，极大拓宽养老金融服务的场景范畴。而养老金融为科技金融提供创新场景，随着老年人口规模的持续增长以及老年人对生活品质追求的提升，养老金融市场需求呈现爆发式增长态势，促使科技金融企业聚焦养老领域，加大在相关技术研发上的投入，如为优化养老社区智能化管理系统、开发精准的老年人健康风险评估模型等提供资金支持，加速科技成果在养老金融领域的转化应用，推动科技金融技术迭代升级；养老金融积累的巨额长期资金，如养老基金、企业年金等，为科技金融创新发展提供稳定可靠的资金源泉。

二是协同共进，促进产业升级。科技金融为养老产业的科技化进程赋能，针对养老产业中的科技企业，科技金融通过提供天使投资、风险投资、科技信贷等多元化金融工具，扶持其成长壮大，加速养老相关新技术、新产品的研发与推广应用。例如，助力智能养老设备制造企业突破资金瓶颈，实现从智能床垫、健康监测手环等单品研发生产向智能家居养老生态系统构建的跨越，推动养老产业向智能化、高端化迈进。养老金融引导资金流向养老产业，通过提供养老金、长期护理保险、养老理财等多种金融产品，吸引社会资本聚焦养老服务、医疗保健、老年文娱等细分领域，优化养老产业的资金配置，促进养老产业规模化、专业化发展。如绿色养老债券的发行，为生态养老社区建设筹集资金，改善老年人的居住环境；养老产业投资基金的运作，整合产业链上下游资源，提升养老产业的整体竞争力。

三是风险共担，形成稳健保障。科技金融的发展促进了风险评估技术的共享与优化，大数据分析、机器学习等科技金融手段被广泛应用于养老金融风险评估领域，通过对海量老年客户数据的挖掘分析，精准识别长寿风险、健康风险、投资风险等各类潜在风险因素，提前为养老金融产品定价、资产配置提供科学依据。而养老金融经验反哺科技金融风险防控能力的升级，养老金融在长期服务老年客户过程中，积累了丰富的风险管理经验，为科技金融企业在开展面向老年客户的金融服务时提供有益参考，帮助其优化风险防控流程，完善风险管理制度，提高风险应对能力。

11. 科技金融与数字金融的关系是什么？

科技金融与数字金融在技术驱动、目标提升、融合发展等方面有密切联系。从技术驱动上看，二者均高度依赖于大数据、人工智能、区块链等数字化技术，是金融服务的线上化、智能化、个性化发展的重要体现。从目标提升上看，二者均致力于提升金融效率、降低成本、扩大金融服务覆盖面，但科技金融更关注科技企业的融资需求，而数字金融更关注普惠金融的发展，二者在概念侧重、服务对象、风险特征等方面存在明显不同。

一是从概念特征来看，科技金融是指通过科技与金融的深度融合，利用大数据、人工智能、区块链、云计算等先进技术推动金融服务创新和升级，满足科技企业和创新活动的融资需求，促进产业升级和经济发展，侧重于金融对科技产业的支持，强调金融资本与科技产业的融合。数字金融则是通过数字化技术手段对传统金融业务进行数字化改造，提供更加便捷、低成本、个性化的金融服务，从而提升金融服务的普惠性和覆盖率，强调传统金融业务的数字化转型，覆盖普惠金融、零售金融、跨境支付等领域，注重便捷性、低成本和个性化服务。

二是从服务对象来看，科技金融的服务对象是科技型企业和科研机构，特别是中小型科技创新企业，通过金融支持来促进科技研发和产业化，主要是为了满足创新主体在研发和生产过程中的资金需求，聚焦促进科技进步和经济结构转型。数字金融的服务对象范围更广泛，包括个人消费者、各类企业和金融机构自身，提供日常金融服务和普惠金融服务，更加聚焦于提高金融服务的普惠性和可得性。

三是从风险特征来看，科技金融面临的主要风险是科技企业的技术创新风险和市场不确定性风险，科技企业的研发成果可能因为技术难题无法实现商业化应用，或者在市场推广过程中由于竞争激烈而失败。数字金融的风险主要集中在网络安全、数据隐私和技术系统稳定性等方面，金融机构的网上交易系统如果遭受黑客攻击，可能会导致客户信息泄露、资金被盗等严重后果，或者由于系统故障、服务器崩溃等影响金融服务的正常提供，引发客户的不满和信任危机。

第三节　科技金融的典型发展模式与发展经验

12. 科技金融有哪些典型的发展模式?

关于科技金融的发展模式,综合国内外学者的研究成果来看,目前已经形成了较为一致的研究观念,从科技金融的参与主体和驱动因素出发,可以将其总结为三种典型的发展模式。

一是以美国为代表的资本主导型发展模式。美国拥有全球最发达的直接融资市场,特别是私募股权和风险投资市场,为科技企业提供了成长的摇篮。Crunchbase 数据显示,2023 年美国初创企业获得的投资总额为 1380 亿美元,仍然是全球最大的创业投资市场。美国风险投资采用有限合伙制,有效降低道德风险,同时投资策略灵活,尤其偏好计算机软件和医药生物科技领域。资本市场分层明确,从主板市场到场外交易市场(OTC),为不同规模和成长阶段的企业提供融资平台,并通过灵活的转板制度促进企业成长。政府通过中小企业局等机构提供政策优惠和信用担保,降低资本利得税,拓宽资金来源,促进私募股权市场发展,间接融资机构也积极参与科技企业金融服务,共同推动科技创新。这种模式的核心特点是资本市场主导,金融体系更侧重于股市和资本市场的运作，金融体系注重风险投资、股票市场和债券市场的作用，企业融资通常依赖资本市场而非银行贷款，创新型科技公司尤其依赖资本市场来获得资金，创新和企业发展通常由市场需求、投资回报和股东利益最大化驱动。

二是以日本、德国为代表的银行主导型发展模式。与资本主导型不同，银行主导型模式强调银行在经济和金融体系中的核心作用，这种模式往往通过长周期的贷款和深度的企业关系支持中小企业和产业结构的调整，侧重于稳定的信贷支持和长期投资，银行通常与政府保持较为紧密的合作，推动经济发展，不仅提供传统的信贷服务，还在企业的战略发展中扮演重要角色。日本科技金融领域以政策性金融机构与商业银行为主导构建起坚实的间接融资架构，助力科创企业拓展融资渠道和优化资本结构。此外，日本的"信用担保＋信用保险"制度通过信用保证协会和中小企业信用保险公库为企业提供信用担保，减轻金融机构风险，促进科创领域投资。德国也是以间接融资为主导，政策性银行德国复兴信贷银行（KFW）通过"转贷模式"精准支持科技型中小企业，商业银行和担保银行协作提供信贷和担保服务，这种间接融资体系为科技企业营造稳定融资环境，促进技术成果转化，支持中小企业成长为行业"隐形冠军"，巩固德国制造业的全球地位。

三是以我国为代表的政府主导型发展模式。政府作为科技金融发展的推动者与统筹者，通过顶层设计与政策落地双管齐下，整合各方资源。既出台大量政策法规，规划科技金融发展方向，又设立专项基金、引导金融机构创新产品服务，同时大力推进金融科技应用，致力于打造覆盖科技企业全生命周期的金融服务体系。这种模式下的金融体系更加注重长期规划和战略布局，其核心特点是政府在经济和金融体系中扮演着关键角色，往往通过政策干预、财政补贴以及国有企业的支持来引导经济发展，政府不仅在基础设施建设、科技创新、产业政策等方面起着主导作用，还通过国有银行、大型企业和政策性贷款等手段引导资源流动，以实现宏观经济目标。

13. 三种发展模式各有什么优势？

资本主导型的科技金融模式优势在于可以形成高效的资源配置并最大化地激发创新活力。大量资本追逐科技创新项目，能快速筛选出具有潜力的科技企业，使得资金流向最具创新性和成长前景的领域，促进科技成果转化。例如，特斯拉在发展初期，凭借风险投资支持渡过艰难研发阶段，后又通过资本市场上市融资，实现大规模扩张，推动新能源汽车技术变革。资本的逐利性促使创业者为获取投资而全力投入创新，投资机构也会利用自身资源为企业引入先进管理经验、行业人脉等，激发整个科技创业生态的活力，催生大量颠覆性创新成果。

银行主导型的科技金融模式优势在于稳定的资金供给可以有

效提升风险把控能力。德国许多家族式科技中小企业凭借与银行的长期信任关系，历经几十年发展，成长为细分领域的"隐形冠军"，银行基于长期合作关系和对企业深入了解，能为科技企业提供持续、稳定的资金支持，助力企业稳步推进研发与生产计划，不会因短期市场波动轻易抽贷。日本银行在长期实践中形成了严谨的风险评估体系，使得科技金融贷款不良率维持在较低水平，银行在放贷过程中注重企业财务状况、现金流等基本面分析，配合担保、保险机制，有效降低坏账风险，保障金融体系稳定。

政府主导型的科技金融模式优势在于宏观战略和资源整合的高效协同。政府立足国家长远发展需求，能够精准布局战略性新兴产业，集中资源攻克关键技术瓶颈，避免市场自发调节的盲目性。比如在5G、新能源等领域的大规模政策推动与资金引导，使我国迅速在相关产业实现技术突破与全球领先。凭借强大的行政动员能力，整合财政、金融、产业等各方资源，快速搭建科技金融基础设施，填补市场失灵空白，促进科技金融生态均衡发展，各地科技金融服务平台的建立，推动了企业融资需求与金融供给的精准对接。

14. 三种发展模式各存在什么问题？

资本主导型的科技金融模式问题主要在于市场波动影响大以

及短期逐利倾向的不确定性。过度依赖资本市场使得科技企业受宏观经济、股市行情波动影响显著。一旦出现金融危机或股市暴跌，科技企业股价大幅下滑，后续融资受阻，许多初创企业可能因资金链断裂夭折，比如 2000 年互联网泡沫破灭，大批互联网科技初创公司倒闭。此外，部分投资者追求短期回报，可能迫使科技企业过于关注短期业绩，忽视长期基础研发投入，影响企业可持续创新能力，不利于攻克一些需要长时间研发攻坚的关键核心技术。

银行主导型的科技金融模式问题主要在于创新筛选相对滞后以及决策流程的烦琐。银行传统的风险评估模式倾向于看重企业已有资产、过往业绩等硬指标，对科技企业创新性、未来发展潜力等软指标敏感度低，可能错过一些早期极具创新性但尚未盈利的初创企业，不利于新兴技术的超前培育。此外，银行内部层级多、审批流程长，难以快速响应科技企业灵活多变的资金需求，尤其在面对瞬息万变的科技创业市场时，企业可能错失发展良机，影响创新效率。

政府主导型的科技金融模式的问题主要集中在市场机制作用受限。过度依赖政府引导可能弱化市场在资源配置中的决定性作用，部分受扶持企业产生"政策依赖"，自身竞争力提升动力不足，金融机构在一定程度上按政府指令行事，市场风险定价、筛选创新项目的功能难以充分发挥。政府财政资金投入面临长期可持续压力，若产业引导基金后续退出机制不完善、社会资本参与积极性受挫，可能导致科技金融资金缺口，影响对科技企业的持续支持力度。

15. 国内科技金融发展模式
呈现出哪些特点？

相较于美国以直接融资为主导，日本和德国依托政策性金融机构与商业银行构建起坚实的间接融资体系，我国正处于从间接融资向直接和间接融资协同发展的转型进程之中。结合自身庞大的产业体系与政策引导优势，推动金融与科技深度融合，目前国内已经构建起独具特色的科技金融生态。

一是政府引导，间接融资市场规模保持高速增长。为了更好地支持科技创新发展，我国政府出台了一系列政策，其中极具代表性的是科技领域的结构性货币政策工具。结构性货币政策工具主要包括科技创新再贷款、设备更新改造专项再贷款，自 2022 年推出以来在引导金融机构加大对科技型企业融资支持方面发挥了重要作用，截至 2023 年年末，高技术制造业中长期贷款、科技型中小企业贷款和全国专精特新企业贷款余额分别同比增长 34%、21.9% 和 18.6%，均明显高于传统金融业务贷款增速。[①] 2024 年两项工具进行整合，推出了额度 5000 亿元的科技创新和技术改造再贷款，延续了政策支持。[②]

---

① 数据来源：中国人民银行：《2023 年第四季度中国货币政策执行报告》，2024 年 2 月 8 日发布。
② 数据来源：中国人民银行官网。

　　二是市场聚焦，直接融资多元资本市场同向发力。股权融资市场围绕科技创新发展，科创板、北交所的成立加速推动一批高新技术企业和专精特新企业上市融资，截至 2024 年年底，科创板上市公司数量已达 581 家。① 同时，以"投早、投小、投硬科技"为方向，我国形成了国有资本引领下政府引导基金、市场化基金并行发展的格局，2022 年年底政府引导基金累计成立数量已经突破 2000 家（见图 1-4）；2024 年，我国新成立私募股权和创投基金 5089 只。科创类债券的发行数量和规模均有所增长，根据Wind 数据统计，截至 2024 年年底我国共有 537 只科创债发行，同比增长 68.87%，债券发行规模合计达 6111.51 亿元，较去年增长 75.17%。②

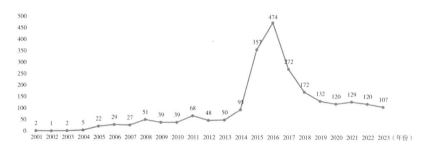

图 1-4　2001—2023 年新成立政府引导基金数量

数据来源：清科数据。

---

① 数据来源：Wind 数据库。
② 数据来源：来觅数据。

三是基建先行，夯实金融服务创新发展技术基础。得益于新一代信息技术的快速发展，我国金融科技和数据要素的驱动效应不断显现，根据毕马威的报告，2023 年我国数字金融市场规模为 41.7 万亿元人民币，约占全球市场的 15.6%，位居全球第一。随着数据中心和网络架构的建设以及数据要素市场的构建加速，我国数字金融基础设施建设的不断完善，为科技型企业的融资和发展提供了更加高效的服务保障，也为科技金融的制度完善和生态建设提供了重要的基础设施载体支撑。

16. 国内城市科技金融发展有哪些典型的模式？

国内科技金融发展的一大典型经验是创新资源和金融资源向区域中心城市集中，也是我国科技金融发展呈现出区域化差异和特色化发展趋势的原因之一，各个城市依托于不同的资源禀赋，形成了具有特色的科技金融发展模式。

一是政府引导创新型。政府在科技金融发展过程中发挥关键的引导作用，通过出台政策，设立专项资金用于风险补偿或贷款贴息等方式，降低银行等金融机构的信贷风险，提高其为科技企业提供贷款的积极性。金融机构在政府政策激励下，积极开展信贷产品创新。围绕科技企业的知识产权、创新人才、科技项目等设计专门的信贷产品，精准满足不同阶段科技企业的融资需求。例如，苏州设立科技信贷风险补偿资金池，推出多种针对性信贷产品；成都的"科创贷"通过政府资金帮助企业增信，构建多元化信贷融资模式。

二是资本市场驱动型。这类城市充分利用资本市场的力量，发挥多层次资本市场体系的优势。一方面推动本地科技企业在主板、科创板、创业板等上市融资，为企业提供直接融资渠道；另一方面，注重培育和发展区域股权交易市场等，为中小微科技企业提供股权融资、股权托管等服务。鼓励风险投资（VC）和私募股权投资（PE）机构在本地的活跃发展，吸引外部资本投入本地科技企业，同时推动本地金融机构开展相关的股权投资业务，形成股权融资生态。比如，北京通过建设中关村科创金融改革试验区，发挥资本市场服务科技创新的作用，支持优质科技企业通过资本市场做优做强；深化新三板改革，持续为北交所输送优质科技企业资源。

三是创新生态打造型。这类城市注重构建完整的科技金融创新生态系统，包括金融机构、科技企业、高校、科研机构、中介服务机构等多种主体。通过建设科技金融服务平台、众创空间、科技金融园区等物理载体，促进各主体之间的交流与合作。强调金融科技的应用，利用大数据、人工智能等技术手段，为科技金融服务提供创新的解决方案，如精准的风险评估、智能投顾等，提升金融服务效率和质量。杭州以科创金融改革试验区建设为牵引，打造"耐心资本"、融资畅通工程等升级版，构建"一体两翼多机构"专营体系，以"股、债、贷、保、孵、撮、联"，"商行＋投行＋生态"，一体化的科技金融生态圈服务模式，服务科技企业全生命周期。

四是综合金融服务型。金融机构发挥综合金融服务优势，利用集团内部的银行、证券、保险、信托等多种金融牌照，为科技企业提供"一站式"金融服务解决方案。包括股权融资、债权融资、风险管理、财富管理等多个方面。金融机构通过内部协同机制，加强各业务板块之间的合作与联动，为科技企业量身定制个性化的金融服务套餐，同时也注重与外部机构的合作，整合资源，拓宽服务边界。比如，上海交通银行上海市分行凝聚集团共识全力提供"股债贷租托"一揽子服务方案；深圳通过整合多种金融业务，为科技企业提供全方位金融服务，同时银行与政府紧密合作，共同探索科技金融服务模式。

五是数据平台支撑型。这类城市积极争取政策试点机会，在金融政策创新方面先行先试。例如在科创金融改革、金融产品创新试点等方面率先开展实践，为科技金融发展探索新的路径和模式，同时更加注重数据平台建设，通过整合科技企业的各类数据信息，利用大数据分析等手段，为金融机构提供数据支持，帮助金融机构更好地了解企业，进行风险评估和信贷决策，同时也为企业和金融机构搭建对接平台。比如，武汉聚焦科技金融创新搭建"汉融通"平台，通过整合信用数据、上线金融产品并运用智能风控技术，2024 年促成融资 791.39 亿元，服务效率提升 60%，有效促进了政府、金融机构与企业之间的信息共享，增强了金融服务的精准性和覆盖面。①

---

① 数据来源：武汉市委金融办、市科创局：《认真做好科技金融大文章 助力科技创新和产业创新融合发展》，《长江日报》2025 年 2 月 27 日。

第二章

科技金融的创新产品与创新服务

　　在科技金融领域，创新产品与服务是连接资金与科技型企业需求的桥梁，不仅丰富了科技金融市场的供给，还提高了金融服务的针对性和有效性。本章将重点介绍科技金融的创新产品、服务与主体，包括科技信贷、科技保险、科创票据、科创债、融资担保服务、知识产权质押、投贷联动模式、科技金融专营机构、配套服务机构等，并深入阐述其是如何满足科技型企业的特殊融资需求，支持其风险管理，并促进科技企业的成长与扩张。

第一节 科技金融产品的多元化发展

17. 如何看待抵押贷款在科技金融体系中的地位和作用？

信贷是间接融资体系的核心产品，是我国企业科技创新活动融资的核心路径。科技信贷在广义上指企业科技创新活动适用的信贷产品，狭义上则明确指明产品科技创新属性，指由银行机构专为科技型企业或企业科技创新活动而设立的优惠贷款产品。从担保和办理方式来看，我国科技信贷可以简要分为抵押、信用和质押三类，分别具有不同的特色和适用范围，共同构成了我国科技型企业投融资的主要支柱。

抵押贷款是信贷体系中发展历程最悠久、制度设计最完备的一类，是以借款人实物资产作为抵押物获得贷款的模式，因此相较其余两类方式，与科技型企业资产特征的匹配度最低。可以说，目前我国"科技抵押贷款"的概念是名存实亡的。

首先，从贷款依据来看，抵押贷款抵押物通常包括动产和不动产两类，并要求抵押物必须能够清晰定价、权属清晰，足以覆盖贷款发放金额。较为典型的企业抵押物包含房地产建筑物、高价值机器设备等，而科技型企业以轻资产为主，通常既无价值足量的房地产，也无大型机器设备，因此较难提供足额抵押物用于获取研发运营资金。其次，从抵押率来看，普通抵押贷款往往设定在50%—70%左右，仅湖北武汉推出的一款高新技术企业超高额抵押产品将抵押率设定在100%—150%。因此，科技型中小企业动辄千万[①]的资金缺口，是无法由普通抵押贷款覆盖满足的。再次，从贷款期限来看，抵押贷款期限普遍较长，房屋、商铺等不动产抵押物可申请30年内长期贷款，车辆、设备等动产则多覆盖1—3年、最长不超过5年的中短期贷款，许多科技型企业既不具备获贷的条件，获贷后也可能面临资金流动性受限的问题。最后，从年利率[②]来看，普通房产抵押贷款通常在4.35%—4.9%之间，而上述超高额抵押贷的年化利率与当年12月LPR一年期报价利率保持一致，仅为3.85%，意味着科技型企业申请普通抵押贷款通常要面临较高还款比例和严格的还款周期。对资产情况差、资金需求高、经营风险大

---

① 根据中国人民银行2024年三季度末公布数据测算得出（科技型中小企业26.21万家，本外币贷款余额3.19万亿元）。
② 此处为方便比较，以2020年为基准。

的科技型初创期和成长期的企业而言，是获贷和还款均不友好
的贷款模式。

18. 信用贷款如何支持科技型
企业融资？

信用贷款，指以企业资质、纳税记录、信用记录等为依托，
划定一定的授信额度，并据此为企业提供贷款的模式。其中，广
义科技信用贷款按照授信依据可大致分为税贷、发票贷、流水
贷、合同贷（也称订单贷）和科创贷（也称成果贷）五种模式。
前四种模式均以企业相应证明材料为基准，按照所提供数据确定
贷款额度。税贷通常为企业年纳税额的 5—8 倍，发票贷通常为
企业前 12 个月累计开票金额的 10% 左右，流水贷经由相关模型
按企业结算流水金额情况计算得出，合同贷是小微企业已有订单
合同金额的 70% 左右。科创贷，即狭义科技信用贷款，则以企
业相关资格资质为依据，如专精特新企业、高新技术企业、科技
型中小企业、创新型中小企业等称号，或企业自主知识产权数
量、核心人员技术职称等，根据银行所在地点、业务范围以及机
构层次等可能有所差别（见表 2-1）。

表 2-1 **银行科创信用贷款产品举例**

银行机构	产品名称	申请条件（部分）	贷款额度及利率	贷款期限
中国建设银行	善科贷	1. 企业拥有与主营业务相关的自主知识产权（应当包括至少一项发明专利、发明授权、软件著作权、集成电路布图设计，或三项及以上实用新型专利）； 2. 企业主或主要股东获得国家或地方政府颁发的高层次人才资质称号； 3. 企业获得国家或地方政府评定的优质企业资质称号（如国家高新技术企业、专精特新企业、科技型中小企业等）； 4. 企业承担国家/省（自治区、直辖市）重大科技专项、首台（套）重大技术装备示范、知名高校及科研院所的科技成果转化项目	单户最高 1000 万元	额度有效期最长 3 年。其中，科技型中小企业、创新型中小企业等贷款期限最长 1 年（含）
中国工商银行	科创贷	1. 企业须属于国家、省（自治区、直辖市）高新技术企业、科技型中小企业、专精特新企业（含"小巨人"）、通过科技部评价系统备案的科技型小微企业，且贷款对象所属行业为国家发展改革委制定的《产业结构调整目录》规定的"鼓励类"行业； 2. 符合工信部对小型企业或微型企业界定标准，符合工行行业信贷政策要求； 3. 持续经营时间在 1 年（含）以上，企业主本行业持续经营 3 年（含）以上；有固定的经营场所，有相应的组织机构、经营管理制度和财务管理制度；	1. 微型企业单户融资限额不超过 500 万元，小型企业单户融资限额不超过 1000 万元； 2. 贷款利率 3.5%	1 年，单笔借据不超过 6 个月

续表

银行机构	产品名称	申请条件（部分）	贷款额度及利率	贷款期限
中国工商银行	科创贷	4. 企业具有一定的科技创新和研发生产能力，科技研发人员占员工总数一定比例，企业研发费用总额占销售收入总额一定比例，近两年经营收入保持增长，下游客户稳定，产品国内市场具有一定竞争力或属于进口替代产品，市场占有率近两年稳步提升； 5. 借款人出具承诺，未经工商银行同意，工商银行贷款期间不在他行办理担保条件优于工商银行的贷款，工商银行须为省科技成果转化贷款唯一办理银行		
中国银行	科创贷和专精特新贷	1. 企业为高企、专精特新、知识产权、科技型中小企业等； 2. 工商核准登记且合法有效经营的国标小微企业，企业成立时间不低于2年；营收及纳税情况良好。企业纳税等级为A、B、M级，近两年平均纳税额5000元以上，近一年纳税销售收入50万元以上； 3. 企业法定代表人年满20周岁且不超过65周岁	最高500万元，如叠加抵押，额度最高至1000万元	贷款期限1年，可随借随还、循环使用
中国农业银行	专精特新贷	1. 由各级工信部门认定的国家级专精特新"小巨人"企业，部分省级专精特新优质企业、市级专精特新优质企业； 2. 国家级、省级、副省级高新技术企业； 3. 全国科技型中小企业信息库中的科技型企业；	1. "专精特新""小巨人"企业信用方式贷款额度最高不超过2000万元，其余科技型小微企业信用方式融资额度不超过1000万元；	1. 贷款期限不超过1年（含）的，可采用一次还本、定期付息方式；

续表

银行机构	产品名称	申请条件（部分）	贷款额度及利率	贷款期限
农业银行	专精特新贷		2. 信用方式贷款额度不超过企业上年度（或近12个月）营业收入的30%或净资产的30%； 3. 最低利率3.25%	2. 贷款期限超过1年（不含）的，采用按月（季）偿还本（季）偿还款方式
中信银行	科创"e"贷	1. 符合四部委标准小型、微型企业划型； 2. 借款企业属于国家级或省、市级中小企业主管部门认定的专精特新企业名单； 3. 实际控制人或核心技术高管，应具备与主营业务相关的专业学历背景或丰富的从业经验，具备技术研发及企业管理经营经验	1. 最高1000万元； 2. 参考年利率4.5%	贷款期限1年
招商银行	科创积分贷	获得政府创新积分评价、专精特新成长潜力潜力评价或招行科创资质分评价之一的企业	最高信用额度为1500万元	额度期限1年

资料来源：各银行公开资料。

在实践中,科技信用贷款虽然是最适合科技型企业的贷款模式,但也由于业务本质与银行安全性要求有所冲突而面临一些风险与困难。一方面,信用贷款不具有任何担保措施,具有更高的风险系数,因此多数商业银行为信用贷款设定了更高的准入门槛,如企业征信记录、销售指标、经营规模、贷款规模等,部分银行还会对经营人个人信用记录提出要求,甚至提出贷款渠道排他性要求等,直接或变相降低了企业获贷率,削弱了信用贷款对企业科技创新的支持力度。另一方面,大型银行的风险容忍度较低,更倾向于发放有抵押或担保的传统信贷产品,面向科技型企业的信用贷种类相对少且银行间产品同质化严重,各类"科创贷"的概念意义大于实际。据原江苏银保监局披露数据,2020 年 6 月末,江苏省银行业企业信用贷款占比仅 12.4%,科技型企业信用贷款则占比更少。另外,我国企业信用评价体系尚未健全,征信系统覆盖面有待进一步扩大。据中国人民银行征信中心公开数据,截至 2023 年 10 月底,征信系统累计收录 1.2 亿户企业和其他组织,其中有信贷记录的仅为 1185.6 万户,占比不足 10%,且小额贷款、融资租赁、融资担保等地方金融组织尚未实现数据接入,降低了科技型企业尤其是中小企业获贷的渠道与能力。因此,健全并广泛应用企业信用评价体系,将是提升科技信用贷款产品支持力度的关键。

19. 知识产权等质押贷款如何匹配
科技型企业资产特征?

质押贷款是指以借款人非实物资产作为质押物获得贷款的形式。《中华人民共和国民法典》规定,票据(汇票、本票、支票等)、债券和存款单、仓单和提单、可转让的基金份额和股权、可转让的知识产权中的财产权(注册商标专用权、专利权、著作权等)、现有的以及将有的应收账款、法律和行政法规规定的其他财产权利等可以出质,由此形成了商票质押贷款、仓单质押贷款、基金份额质押贷款、股权质押贷款、应收账款质押贷款和知识产权质押款等产品(见表2-2)。其中,商票、股权、基金和仓单分别对企业的盈利能力和存货实物资产有一定要求,更适用于已经完成规模化营收或产业化的科技型企业或传统企业创新转型。知识产权质押贷款则与科技型企业的资产结构和融资能力更为匹配,是当下最为热门、支持力度最好、政策供给最完善的科技信贷产品之一。

表 2-2 质押贷款产品类型一览

产品类型	贷款额度	贷款期限	产品举例	特点总结
商票质押贷款	多为1000万元额度上限	灵活设定,最长可达1年左右	上海银行"票易贷"产品	产品较为小众,以商业承兑汇票质押产品为主,以银行信用和企业商业信用为保障

续表

产品类型	贷款额度	贷款期限	产品举例	特点总结
仓单质押贷款	根据借款人情况，按中国人民银行同档次基准利率合理确定，控制在仓储物价值的50%之内	贷款人与借款人协商确定，最长不超过9个月	中信银行"信e销"电子仓单质押贷款产品	是库存质押融资的一种，其标的物实质上指向仓储物。是将银行融资、仓储方存货监管和企业存货抵贷三者结合的融资模式
基金份额质押贷款	一般为基金份额估值的30%—70%	相对较短，通常在几个月到1年左右	中信银行"中信信托·涌赢7号固定收益类信托计划"	灵活性高但估值复杂，与基金运营情况、资产质量等密切相关
股权质押贷款	根据质押股权价值按比例确定，部分地区规定最高额度不得高于股权票面额的75%	原则上为1年，最长不超过3年，在总量有效期内可循环使用	民生银行"星火股权质押贷"产品	可通过分散质押多个企业股权的方式降低贷款风险，但在处置质押股权方面较为复杂
应收账款质押贷款	根据应收账款金额按比例确定，比例范围多为50%—90%	一般不超过1年，且不得超过质押应收账款的有效期限	建设银行"应收账款融资"产品	灵活性强、操作简便但融资成本通常比基准利率高2%—3%，对核心企业信用状况依赖度高
知识产权质押贷款	一般不超过1000万元且通常不超过出质知识产权价值的50%	一般为1年	工商银行"知识产权质押贷款"产品	政策支持力度大，能够有效挖掘科技型企业知识产权价值，但价值和风险评估复杂

资料来源：各大银行公开信息。

　　具体来看，知识产权质押贷款，是以企业或个人所拥有的合法有效的知识产权作为质押物，从金融机构获取资金支持的一种融资方式。在质押物层面，知识产权涵盖专利、商标、著作权等多种类型。专利代表着技术创新成果，蕴含着巨大应用潜力与商业价值；商标是企业品牌形象的标识，具有市场辨识度与品牌溢价能力；著作权则覆盖文学、艺术、软件等诸多创作领域，反映了创作的独创价值。

在操作流程层面，知识产权质押融资首先需要由融资主体向金融机构提出贷款申请，并提交权利证书、权属证明、授权使用情况等知识产权证明材料，以证实知识产权的合法性、有效性与稳定性。随后，金融机构通常会委托专业的知识产权评估机构，依据知识产权的类型、创新性、市场前景、剩余有效期等多方面因素，对质押物进行精准估值，确定其可质押的额度范围。而后，双方依据评估结果协商贷款金额、利率、期限等关键条款，并签订质押贷款合同，明确双方权利义务。此外，双方还需通过法定登记部门完成质押登记，确保质押的法律效力。贷款发放后，金融机构会在贷款存续期内持续关注质押知识产权的状态，包括是否涉及侵权纠纷、有效期是否临近届满等，以防控潜在风险。

这些知识产权资产虽具无形特性，但在质押贷款体系下，经专业评估后被赋予了明确的货币价值。近年来，随着我国创新驱动发展战略向纵深迈进，我国知识产权质押融资快速增长。国家知识产权局数据显示，2024 年上半年全国知识产权质押融资登记金额达到 4199 亿元，同比增长 57%（见图 2-1），科技型企业的无形资产得到有效盘活。

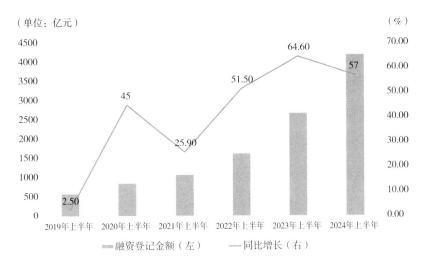

图 2-1 2019 年上半年至 2024 年上半年全国知识
产权质押融资登记金额变化情况

数据来源：国家知识产权局公开数据。

此外，随着科技创新的纵深发展，近年来出现了抵质押、纯信用或第三方担保综合运用的灵活授信模式，据此形成了一批投向领域更为广泛、支持力度更加充分的科创信贷产品。一方面，综合运用各类授信模式，能够为银行提供更加清晰的借款人画像，从而综合研判借款人风险。另一方面，这一模式降低了银行与借款人之间的沟通成本，能够使企业等科研主体在一次授信申请中尽可能全面地了解银行授信要求与风险预期，由此提高银行获客率和科研主体获贷率。因此，可以预见，在各类模式逐步迈向成熟之后，各大银行整合科技创新信贷产品或将成为必然趋势，科技型企业的获贷路径将被进一步打通。

20. 科技创新再贷款工具如何支持
科技信贷发展?

科技创新再贷款是由中国人民银行牵头推出的，旨在通过向金融机构提供低成本资金、从而增强金融机构放贷意愿与能力的结构性货币政策工具。这一政策首次出台于2022年4月，旨在落实党中央、国务院关于科技强国战略的系列部署，初始额度为2000亿元，在6个月的试行期结束后增加至4000亿元，成为科技型企业贷款的重要支柱。随后，2024年4月，在新一轮大规模设备更新和消费品以旧换新（即"两新"）全面实施的背景下，中国人民银行又与科技部联合设立5000亿元科技创新和技术改造再贷款，其中1000亿元专门用于激励金融机构发放科技型中小企业首次贷款。这一工具具有五方面特点：一是呈现"先贷后借"机制模式，即金融机构需先向符合条件的科技型企业发放贷款，再向中国人民银行申请再贷款资金支持，从而确保再贷款资金直达企业的真实性和有效性。二是以"创新积分制"为筛选原则，重点支持科技部、工信部认定的初创期、成长期科技型中小企业，确保受益主体的创新能力和成长潜力。三是设定低利率优惠政策，以 1.75% 显著低于市场水平的利率基准，切实降低科技型企业融资成本，增强再贷款及信贷的普惠性和创新支撑力。四是支持灵活贷款方式，可与信用贷款、投贷联动等多种融资模式结合，从而确保不同发展阶段的科技型企业均可受益。五是强调商业性与政策性的协调统一，通过财政资金的精准注入，引导金融机构在自主决策、自担风险的前提下，向科技型企业提供充足资金支持，以此更好形成金融支持科技创新的活力与专业能力。

据 2024 年 11 月中国人民银行与 8 个中央部门联合召开的科技创新和技术改造贷款工作会议消息，截至 11 月 15 日，再贷款政策覆盖的 21 家银行累计与 1737 个企业和项目签订贷款合同额近 4000 亿元，已经成为银行间接融资体系更好支持科技创新发展的重要动力引擎。

21. 融资担保机构如何助力科技型
企业解决贷款难题？

融资担保是我国地方金融组织体系中的重要组成部分，是指依法设立、经营融资担保业务的各类公司和非公司制机构，按性质和目标划分主要有三类：政府性担保机构、商业性担保机构、互助性担保机构。主要为中小企业和个人的融资需求提供担保服务，在我国信贷体系的建设与运行中发挥着重要的辅助与衔接作用（见图 2-2）。

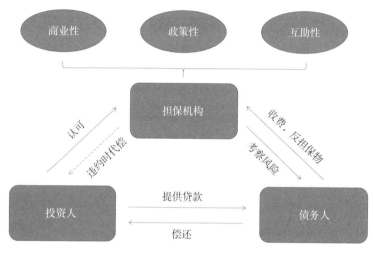

图 2-2　融资担保业务流程

这一金融业态起步于 20 世纪 90 年代社会主义市场经济体制改革初期，政府逐步退出一般经济活动领域，创新创业热潮持续兴起，国企改制探索推进，中小企业对外部融资的需求不断增加，社会信用体系与中小企业投融资需求之间的矛盾初步显现。在此背景下，政府开始尝试以商业化担保方式建设现代信用文化和社会信用体系，于 1995 年出台《中华人民共和国担保法》等系列法律法规，并由地方政府或行业协会牵头设立了全国第一批融资担保机构，自此形成了以国有机构为主、重点服务中小企业的行业特征。《金融时报》公开数据显示，截至 2023 年年末，全国共有融资担保法人机构 4194 家，国有机构（即政府性融资担保公司）占比 61.5%，户均实收资本已经达到 3.3 亿元。

具体来看，融资担保机构主要从两方面帮助科技型企业解决融资难题。

一是增信，即以融资担保机构信用为背书，为借款企业融资提供本息偿还担保，从而提升企业信用评级、增加企业成功融资的概率和额度，降低企业融资费用。分主体来看，政府性融资担保公司由各级财政全额出资，不以营利为目的且服务于特定政策目标，因此在融资担保机构中对科技型企业支持力度最强、方式最为灵活多元，年化担保费率通常低于 1%，根据财政部、科技部等四部门 2024 年 7 月出台的《关于实施支持科技创新专项担保计划的通知》（以下简称"科技担保计划"）规定，科技担保业务应逐步减少或取消反担保要求，进一步降低了企业融资成本。如湖北省科技融资担保有限公司，作为湖北省委、省政府重点建设的政策性金融机构，以金融创新更好地服务科技创新为目标，通过联保、分保等方式，为市县科技型企业引流国有大行信贷资源，将科技创新类中小企业单户担保贷款上限从 1000 万元提高至不超过 3000 万元。截至 2024 年 11 月末，该公司在保 1147 笔，金额达到 34.92 亿元[①]。民营融资担保机构则具有更强的盈利导向性和风险指数，在增信方面具有规模小、灵活性高、技术手段丰富、费率和效率"双高"等特点。综合各类案例，民营融资担保

---

① 数据来源：湖北省融资再担保集团有限公司 2025 年新型政银担合作简报第 1 期《全省科技融资担保体系建设情况通报》。

机构的担保金额常见于百万元级别，年化担保费率多在 2%—5% 之间，大量应用大数据、人工智能等技术手段，可提供更为个性化的产品与服务，最快可在 1—2 个工作日内完成担保审批。但总体上看，民营融资担保机构的增信服务仍然具有较大风险，随着我国金融监管体系逐步完善，民营机构向政府性机构转型升级已经成为时代趋势。

二是分险，即通过增加担保方、明确偿还责任、强化风险兜底能力等方式，降低商业银行、小额贷款公司等放款机构烂账、坏账的风险，同时也帮助企业强化风险管理能力。具体来看，主要涉及三方面互动：首先由融资担保机构与金融机构建立风险分担机制，通过协商确定双方在投融资过程中的风险承担比例；其次由融资担保机构对借款企业进行风险评估和日常监控并向企业、金融机构及时反馈，从而推动各方提前采取风险防范措施；最后则由融资担保机构要求企业提供反担保措施，如知识产权质押、股权质押等，从而形成额外的风险保障，增强各方风险处置的能力。在这一功能领域，政府性融资担保机构因其政治属性通常具有更广阔的活动空间。一方面，各地政府性融资担保机构拥有多方面政策性资金"兜底"，不仅有省级再担保机构和国家融资担保基金（以下简称"国担基金"）"兜底"，且配备有省市级融资担保代偿补偿资金池保障，各类政策性金融分级分类分险能力不断细化、内涵化、质量化。另一方面，"政银保担"乃至覆盖更多金融主体的合作分险机制已经迈向成熟，中央和省财政代偿补偿专项资金、所在地本级财政、政策性融资担保机构、银行和保险等金融资本按比例承担风险，不仅强化了金融体系风险共担、利益共享的内部联结，更强化了知识信息共享效应，成为以政策性金融力量推动科技金融专业化、精细化发展的有力成果。

22. 科技创新再担保如何更好发挥融资担保增信效能？

　　再担保是一种对担保的担保机制。当担保机构为被担保人向债权人提供担保后，再担保机构与担保机构签订再担保合同，约定在担保机构无力承担担保责任时，再担保机构按照约定的比例承担相应的代偿责任、补偿约定比例的损失，从而为担保机构分散风险、增强信用，提升担保机构开展业务的积极性与信心。

　　目前，我国再担保主要通过三种模式发挥作用。一是固定比例再担保模式，即再担保机构与担保机构事先确定一个固定的分担比例和约定补偿比例。譬如由再担保机构承担代偿责任的30%—50%，其余部分由担保机构自行承担。该模式具有操作简单、责任明确的优点，是实践中最为常用的模式之一。二是溢额再担保模式，即担保机构先承担一定额度内的代偿责任，超过这个额度的部分由再担保机构承担。譬如由担保机构对每笔担保业务先承担100万元以内的代偿责任，超过100万元的部分由再担保机构按照一定比例代偿。该模式相对复杂，但可以激励担保机构谨慎筛选和管理担保项目，强化风险管理意识。三是联合再担保模式，即多家再担保机构联合起来为担保机构提供再担保服务。在这种模式下，各再担保机构根据事先约定的规则，共同分担担保机构的代偿风险，适用于金额巨大、风险较高的担保项目，通过多家再担保机构的联合可以有效分散风险。

在实践中，按照2024年7月财政部等四部门科技担保计划规定，首先由国家融资担保基金以股权投资形式支持各省再担保机构建设，再由省级再担保机构出资设立各级政府性融资担保机构。融资担保机构开展业务时，国担基金负责分担20%以上、最高不超过40%的风险比例，省再担保机构负责分担不低于20%的风险比例，从而形成国家—省—市的三级融资担保体系。

可以看到，再担保机制首先能够通过责任代偿和约定补偿，分散担保机构的担保风险，并帮助担保机构维持自身资金实力和信用水平，使得担保机构不会因为个别科技型企业的违约而遭受巨大损失，确保担保机构能够维持正常经营。其次，再担保的参与等同于为担保机构提供了信用背书，一方面增强了担保机构在金融市场中的信用，使其有能力扩大担保业务规模，也使科技型企业更容易获得融资；另一方面降低了担保机构的风险，使担保机构可以适当降低对科技型企业的反担保条件等要求，银行也可能因更优的风险预期而降低对科技型企业的贷款利率，从而降低科技型企业的融资门槛和成本，更好发挥融资担保的增信、分险效能。

23. 科技保险产品在科技创新风险
管理中起到哪些作用？

保险是我国最主要的风险管理方式之一，是通过缴纳一定的费用，将风险以货币形式在一个实体范围内进行平摊的经济行为，在社会生产和人民生活领域均发挥着重要的"兜底"作用。随着创新驱动发展战略纵深发展，创新链上各环节的潜在风险与挑战逐渐显化，保险在防范化解科技创新重大风险、加快实现高水平科技自立自强方面日益发挥着突出作用，成为国家和市场均大力推动的科技金融重要产品之一。

这一趋势最早出现于 2006 年，国务院印发《国家中长期科学和技术发展规划纲要（2006—2020 年)》，在"实施促进创新创业的金融政策"一节中指出，要"鼓励保险公司加大产品和服务创新力度，为科技创新提供全面的风险保障"。随后，原保监会制定了《关于加强和改善对高新技术企业保险服务有关问题的通知》，首次在国家层面确定了"科技保险"概念内涵及其服务企业创新研发、成果转化的主要方向，以"政府主导＋商业运作"模式，启动了科技保险系列试验试点。随后，基于北京、武汉、成都、上海等一、二批科技保险试点城市的成功经验，原保监会、科技部于 2010 年印发《关于进一步做好科技保险有关工作的通知》，鼓励保险机构创新科技保险产品，将科技保险业务正式推广至金融业界。经过多年发展，科技保险已经成为科技金融产品谱系中的重要一极，《东湖科技保险创新示范区建设实施方案》《中国银保监会关于银行业保险业支持高水平科技自立自强的指导意见》《科技保险业务统计制度》等文件不断提升科技保险产品创新能级，形成了科技保险"共保体"体制、科技保险业务统计制度等先进经验，科技保险基本实现科技创新流程全覆盖。

因此，与其他科技金融产品相比，科技保险具有"概念引领实践"典型特征。国家金融监管总局将科技保险定义为"服务国家创新驱动发展战略，支持高水平科技自立自强，为科技研发、成果转化、产业化推广等科技活动以及科技活动主体，提供风险保障和资金支持等经济行为的统称"，将科技保险视为多种险种围绕特定目标的服务组合。这一概念首先显示了科技保险的"准公共物品"属性，即科技创新活动受信息不对称和需求滞后等因素制约，单一的市场化机制不具有积极性也无能力对冲或化解科创风险，因此必须通过政府保费补贴、财政优惠等宏观调控手段参与。在此基础上，科技保险的定义可以从以下三方面进行解读①：一是在服务对象上涵盖了一切从事科技创新活动的主体，二是在构成要件上表现为各类保险产品和服务的集成组合，三是在服务范围上可分为"研发转化—应用推广—知识产权—基础要

---

① 中国人民大学中国保险研究所：《科技保险发展研究报告（2023）》，《保险理论与实践》2024年第8期、第9期。

素"四类保障（见表 2-3）。

表 2-3 四类科技保险产品保障范围分类

保险产品保障范围分类	产品举例
为科技项目研发和科技成果转化提供风险保障的保险产品	研发费用损失保险、产品研发责任保险、关键研发设备保险、研发中断保险、中试综合保险、科技成果转化费用损失保险等
为科技成果和科技产品应用推广提供风险保障的保险产品	首台（套）重大技术装备综合保险、重点新材料首批次应用综合保险、首版次软件综合保险等
为知识产权创造、运用、保护等环节提供风险保障的保险产品	知识产权申请费用补偿保险、知识产权执行保险、知识产权被侵权损失保险、知识产权侵权责任保险、知识产权质押融资保证保险、知识产权职业责任保险以及海外知识产权风险类保险等
为科技活动涉及的创业、人才、网络等基础性风险提供保障的保险产品	网络安全保险、人才创业保险等

资料来源：中国人民大学中国保险研究所：《科技保险发展研究报告（2023)》，《保险理论与实践》2024 年第 8 期、第 9 期。

从而，科技保险通过三大功能帮助企业管理科技创新风险：

一是损失补偿功能。指在科技研发、成果转化过程中，当创新主体遭受保险责任范围内的损失时，由保险机构按保险合同规定给予创新主体经济补偿，以对冲或缓解科创风险对创新主体的冲击。该功能本质上属于事后管理，通过将标的风险跨时空、跨群体分摊，减轻标的风险对单一受保人的影响，因此也体现"等量管理"逻辑，是最为传统且成熟的保险业务功能。

二是社会管理功能。原银保监会在 2023 年年初发布了《关于财产保险业积极开展风险减量服务的意见》，要求保险机构研究风险减量技术，转变风险对冲为风险防控，通过协助投保企业开展"风险评估、教育培训、隐患排查、应急演练、监测预警"等活动，以前移的服务提升社会抗风险能力、降低风险发生概率和社会风险成本。因此体现"减量管理"原则，是新兴起但效益深远卓著的保险业务功能。

三是资金融通功能。保险资金具有规模大、保险系数要求高、投资期限长等特点，是天然的"耐心资本"。早在 2014 年，国务院就在《关于加快发展现代保险服务业的若干意见》（即保险"新国十条"）中要求保险业强化投资力度。近年来，随着金融行业现代化发展，保险资金投向公募基础设施证券投资基金（即"公募 REITs"）、财务性股权、单只创业投资基金等限制逐渐取消或降低，使保险业在促进全社会资金融通，尤其是科技创新资金融通方面的作用越发显著。保险资金可以通过非上市企业股权投资、债券投资计划、股权投资计划等形式，更好满足科技型企业多层次资金需求，降低投融资风险。

24. 科创债与普通债权有什么区别和联系？

债券指政府、企业、银行等发行主体基于筹资需求，按照法

定程序发行，并承诺于指定日期还本付息的有价证券。自 20 世
纪 80 年代发展至今，已经形成了公司债、地方政府债（即地方
债）、金融债等多个类别。科创债是债券产品体系的最新创新成
果，隶属于公司债大类，脱胎于双创主题债券，由我国证监会
负责管理、在交易所债券市场发行。自 2021 年发行起，科创债
的爆发式增长趋势显著，2021—2024 年科创债规模复合增长率
超过 200%（见图 2-3），一级市场发行以及二级市场的交易热度
均明显提升，推动科创债在公司债中的占比与支柱地位进一步
强化。①

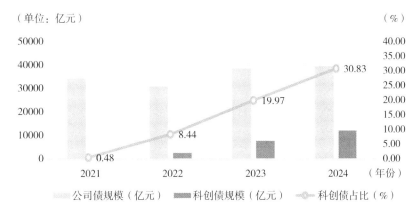

图 2-3 2021—2024 年我国公司债及科创债发行规模

数据来源：Wind 数据库、招商证券投资银行委员会。

---

① 《科创债落地两周年：规模明显增长结构持续优化 500 只产品累计发行规模超
4100 亿元》，《证券日报》2024 年 5 月 22 日，见 http://www.zqrb.cn/stock/gupi-
aoyaowen/2024-05-21/A1716223014346.html。

从政策渊源上看，科创债是双创主题债券的"升级版"。2021 年 3 月，科创债首先作为双创债的子产品试点发行，并在 1 年 2 个月后，由沪深交易所正式发布《上海证券交易所公司债券发行上市审核规则适用指引第 4 号——科技创新公司债券》（以下简称《指引（2022 年)》），开始常态化发行。根据《指引（2022 年)》，科创债主要支持科技型企业、科创升级、科创投资和科创孵化四类发行人（见表 2-4），期限集中在 3 年、5 年、7 年、10 年等中长周期，支持方式涵盖研发投入、项目投资、权益出资和平台建设等，也可用于置换 12 个月内的投资，适用统一申报、提前申报、放宽财报期限等优化安排，并且鼓励发行人创新发行条款和募集资金用途，有效激活了市场科技创新直接融资的灵活性、积极性与主动性。

表 2-4　科创债发行人类型对比

发行主体	发行要求	特点
科技型企业类发行人	1.具有显著的科技创新属性：研发投入标准、科技创新领域营业收入标准、知识产权标准； 2.科技创新能力突出并有明确依据的企业	对发行人主体或债项评级不作要求，重点鼓励国家有关部委认定的科技型样板企业发行科创债
科创升级类发行人	要求募集资金用于助推自身或者相关科创领域升级现有产业结构，提升创新能力、竞争力和综合实力，促进新技术产业化、规模化应用，推动科技创新领域产业加快发展	对发行人本身科创属性、主体或债项评级不作要求

续表

发行主体	发行要求	特点
科创投资类发行人	1.符合相关规定，向科技创新创业企业进行股权投资的相关基金； 2.信用状况良好，报告内创投业务累计收入占总收入超过30%	《指引（2023年修订）》删去了《指引（2022年）》中对主体或债项评级的硬性要求
科创孵化类发行人	信用状况良好，主营业务围绕国家级高新技术产业开发区运营，且创新要素集聚能力突出，科创孵化成果显著的重点园区企业	集成双创主题债券发行特点，重点支持科创成果转移孵化

从政策设计上看，本阶段科创债以支持国有企业创新示范为核心目标。我国证监会 2022 年 11 月发布的《关于支持中央企业发行科技创新公司债券的通知》（以下简称《通知》）和 2023 年 4 月发布的《推动科技创新公司债券高质量发展工作方案》（以下简称《工作方案》）均强调央企的引领作用。如《通知》鼓励央企发挥资产资质优势大力创新增信机制，并通过担当"链长"、开展股权投资等方式将募得资金投向科技型中小企业；《工作方案》则进一步完善了对央企等成熟发行人的融资服务机制，推动央企更充分地承担"枢纽"角色，吸引更多科技型中小企业参与并受益于直接融资发展。

因此，科创债是我国债券市场支持科技创新的核心成果，其机制设计充分研判了国有企业的创新"主力军"地位以及其资产资质优越性，投资置换机制不仅强化了国有企业稳定现金流、吸引优质投资者的能力，也为国有企业通过可转债等机制扶持中小企业发展拓宽了空间，为直接融资路径的协同整合奠定了基础。

可以预见，随着科技创新纵深发展，我国科创债在公司债中的占比将继续提升，科创债在推动债券市场更好地服务实体经济方面的引领效能也将进一步激活。

25. 科创票据是什么？

票据是债务市场中的另一大类融资品类，是指由银行间市场交易商协会负责发行审核、主要在银行间市场流通的灵活融资工具，典型产品如（超）短期融资券、中期票据、资产支持票据、定向债务融资工具等。其中，科创票据是定向专项支持科技创新的债务融资工具，与科创债具有类似的发展历程，同样以双创类债务融资工具为前导，经历双创主题债务融资工具—科创类融资产品工具箱—科创票据的发展历程，因此从制度出发点上即具有着眼短期、流动性强、发行成本低、重视制造业、鼓励民营企业广泛参与等特点。①

具体来看，2014 年 7 月，银行间市场交易商协会推出创投债务融资工具，也是我国首款服务创新的票据产品，规定以主体评级 AA 及以上的创业投资企业为发行人，募集资金可用于补充企业流动资金、偿还银行借款、补充创投基金资本金等，为创投

---

① 新浪财经：《科创票据的政策沿革、发展现状与对策建议》，2023 年 7 月 3 日，见 https://cj.sina.com.cn/articles/view/6314832590/17864b2ce001015yk5。

企业缓解流动性危机的目标特征鲜明。2017 年 4 月，协会推出双创专项债务融资工具，以园区开发运营企业为发行人，募集资金除了流动性用途外，还可以股权投资或委托贷款的形式投入园区内科创型企业，为这类融资工具增添了服务广大科技型企业、促进大中小科技型企业联合融合发展的内涵。2021 年 3 月，协会以"十四五"规划"科技自立自强"为战略导向，推出高成长型企业债务融资工具，支持试点期间具有科技创新称号的企业募集资金以偿还有息负债或补充流动资金，进一步拓宽了债务融资工具服务科技型企业的范围。由此，银行间市场的科创类融资产品工具箱基本形成。

在此基础上，2022 年 5 月，银行间市场交易商协会发布《关于升级推出科创票据相关事宜的通知》，将科创类融资产品工具箱（以下简称为"科创工具箱"）升级为科创票据，即科技创新企业发行或募集资金用于科技创新领域的债务融资工具，分为主体类科创票据和用途类科创票据。

其中，主体类科创票据可被看作是高成长型企业债务融资工具的"升级版"，协会并未对募集资金用途进行严格限制，但在实践中仍然多用于偿还存量债务或补充流动资金。用途类科创票据主要支持"十四五"科技创新重点领域和制造业重点领域（见图 2-4），汇总了科创工具箱三大产品框架与运作模式，并对募集资金的用途进行严格监管，要求其中应有不低于 50% 的部分用于支持科技创新（见图 2-5）。

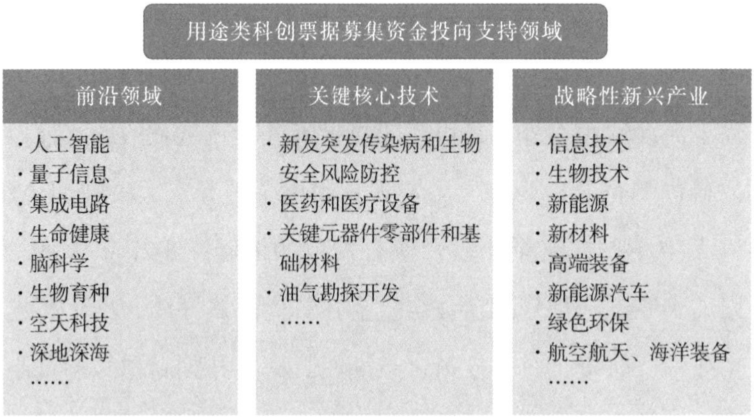

图 2-4　用途类科创票据募集资金投向支持领域

资料来源：银行间市场交易商协会官网。

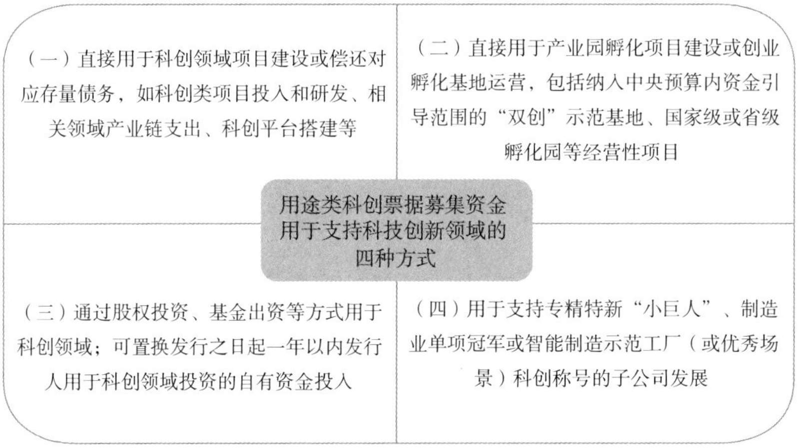

图 2-5　用途类科创票据募集资金用于支持科技创新领域的四种方式

资料来源：银行间市场交易商协会官网。

随后，2023 年 7 月，为贯彻落实国务院《加大力度支持科技型企业融资行动方案》要求，银行间市场交易商协会结合科技型企业生命周期特征，推出了股债混合型科创票据。这类科创票据支持具有科技创新称号的企业或具有股权投资需求的"链主"企业注册发行，在募集资金用途方面与用途类科创票据基本一致，但明确要求以"N+N"期限结构、发行 3 年期及以上的中长期品种，并支持差异化自主设计收益分成模式，由此确定了"含权债"的股债联动基本属性。

26. 科创债与科创票据有什么区别和联系？

综合对比科创债和科创票据，不难发现二者之间错位互补的特征。科创债发行于交易所债券市场，由我国证监会负责审核，常常为 3—10 年中长期，国有企业发行人占比超过 94%。科创票据则发行于银行间债券市场，由银行间市场交易商协会负责审核，期限通常低于 3 年，民营企业的参与空间相对更大，占比达到 13%（见图 2-6）。[①]

上述基本结构差异决定了两类资金不同的投资偏好，并推动

[①] 《中国证券报》：《科创债成债券创新品种"顶流"》，2024 年 5 月 6 日，见 https://www.cs.com.cn/gppd/zqxw/202405/t20240506_6407107.html。

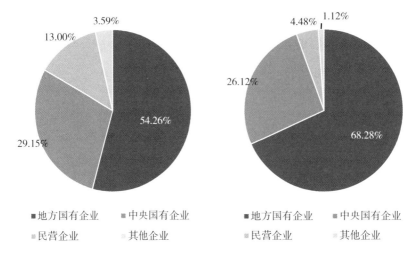

图 2-6　2021—2024 年我国科创票据和科创债发行人类型分布

数据来源：Wind 数据库。

二者形成了覆盖多元主体、多种期限、多类收益模式的科创债券融资工具箱。总体来看，科创债的中长期投资导向更加鲜明，工商信用研究团队指出，科创债多用于科技型企业项目孵化、基金出资、创新平台建设等领域，并且常常能直接带动提升国有企业研发投入，并与可转债形成联动效应。科创票据则因短期限特征和混合型股债联动属性，能够通过多种渠道补充企业日常运营资金，降低民营企业尤其是科技型中小企业的财务负担，从而提升初创期科技型企业存活率。[1]

---

[1]　中国经济网：《债券市场与新质生产力——探秘科创债券，科技金融的新路径》，2024 年 8 月 27 日，见 http://finance.ce.cn/stock/gsgdbd/202408/27/t20240827_39118628.shtml。

27. 融资租赁产品如何支持科技创新？

　　融资租赁是一种创新型金融交易模式，其核心要义在于出租人依据承租人的特定需求，出资向供应商购置承租人选定的固定资产，如先进生产设备、高端科研仪器等，再将该资产租赁给承租人使用，在租赁期内，资产所有权归出租人，承租人则以支付租金为代价换取资产的使用权，租赁期满，承租人通常享有续租、留购或退还资产的选择权。这种模式打破了传统融资单纯的资金借贷局限，实现了融资与融物的有机统一，承租人无须一次性大额资金支出即可获取关键资产的长期使用权，出租人基于资产所有权保障和租金收益实现投资回报，供应商借此拓展销售渠道，达成三方共赢格局。

　　从业务模式来看，直接租赁是最为常见的基础模式，承租人向融资租赁公司提出设备需求，租赁公司采购后出租，适用于企业初创期或扩张期添置全新生产设备，助力产能爬坡。售后回租模式则由企业将自身已有固定资产出售给租赁公司，再从租赁公司租回继续使用，通过资产权属的流转盘活企业存量资产，助力企业快速回笼资金、优化财务报表，尤其适用于资金周转困难的科技型企业。杠杆租赁模式则引入银行等金融机构资金，以租赁公司少量自有资金撬动大规模租赁项目，借助财务杠杆放大业务规模，与大型高端科研设备采购项目匹配度高。转租赁模式下，租赁公司作为转租人，从其他出租人处租入资产、再转租给承租人，可以灵活调配租赁资源，满足不同承租人个性化、阶段性需求。

融资租赁对科技创新企业融资约束的缓解作用显著。传统银行信贷看重企业资产规模、盈利水平等硬性指标，科技型企业因轻资产、高风险、少盈利的"先天不足"常被拒之门外。融资租赁则另辟蹊径，将关注点从静态财务状况移至租赁资产未来现金流创造能力，依据设备、技术等实物资产提供资金。

具体来看，融资租赁一是可以助力优化资源配置。在行业层面，融资租赁公司凭借敏锐市场洞察，面向国家战略性新兴领域购置设备并开展租赁业务，可以带动相关高端设备生产、上游材料和后市场服务的市场需求。在企业层面，初创期企业可小额租赁基础研发设备试探市场；成长期企业按需续租、换租先进设备扩大产能；成熟期企业利用售后回租优化资本结构，筹备战略转型，确保企业全生命周期资源利用效率最大化。二是能够引导分散科技创新风险，一方面，租赁公司横跨多行业、多企业开展业务，不同项目风险对冲，避免单一科创项目失败引发连锁性、灾难性损失；另一方面，租赁公司通过引入技术手段和专业化合同管理模式，能够在同一行业内部形成风险共担的群体效应，从而降低单体风险损失预期，助力企业更好管理项目运营风险，护航行业科技创新稳步前行。

28. 资产证券化如何助力科技型 企业盘活资产？

资产证券化是以缺乏流动性但能产生稳定和可预测现金流的资产或资产组合为基础，通过结构化设计进行信用增级，在此基础上发行资产支持证券（ABS）的过程。其核心在于将未来现金流提前变现，以解决资产的流动性问题，优化资源配置。资产证券化通常涉及发起人、特殊目的机构（SPV）、信用增级机构、信用评级机构、承销商、投资者等多个主体（见图2-7）。

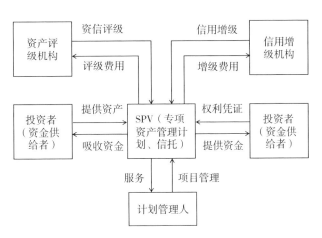

图2-7 资产证券化运作模式

从实践模式上看，资产证券化支持科技创新主要通过四类路径实现。

一是知识产权证券化模式，即科技型企业作为原始权益人，先筛选出具有稳定现金流潜力的知识产权，与 SPV 签订转让协议，由 SPV 构建资产池、整合多笔知识产权相关现金流；再借助外部担保、优先／次级分层等手段提升信用等级，随后由承销商推向资本市场；投资者认购证券，资金回流至 SPV，SPV 依约向科技型企业支付对价，科技型企业获得融资后持续投入研发、生产，后续知识产权许可、转让等收益按约定分配给投资者，形成良性循环。这一模式能较好地适配科技型中小企业知识产权相对富集、中长期还款能力强的特点，如东莞市首支知识产权证券化产品，公开数据显示，该产品打包证券化了 14 家科技型中小企业核心知识产权的未来收益权并成功在深交所发行，以 3.8% 的低票面利率完成了 1.93 亿元融资。

二是应收账款证券化模式，即以科技型企业在经营过程中产生的应收账款为基础资产，通过打包重组、信用增级、发行资产支持证券等环节，将未来现金流提前变现，极大改善企业现金流状况，增强资金流动性，助力企业持续创新投入。因此，这一模式更加适配相对成熟的科技型企业融资需求，同时也匹配传统产业科创升级，能够助力企业对冲大规模创新投入，形成可持续创新动能。

三是融资租赁证券化模式，即以融资租赁公司持有的对科创企业的应收融资租赁债权为基础资产，通过资产打包、结构化设计发行资产支持证券融资。其中，融资租赁公司将企业定期支付租金形成的稳定应收债权汇聚成资产池，经信用增级、评级后发行证券，资金回流融资租赁公司，一次性实现融合租赁业务与金融市场优势。中关村科技租赁是这一领域的代表性服务商。公开数据显示，自 2015 年其首款科技租赁资产证券化产品推出至今，中关村科技租赁相关产品发行规模累计超过 50 亿元，成为中关村科技金融谱系中的重要力量。

四是贷款债权证券化模式，即金融机构向科创企业发放贷款，形成贷款债权组合并转让给 SPV，SPV 以该资产池现金流为依托，经信用增级、结构化分层后发行资产支持证券，从而使金融机构提前回笼资金，实现贷款资产出表，优化自身资金配置；科创企业则获得长期稳定资金支持研发、产业化进程，提升资金使用效率，分散金融机构信贷风险，构建互利共赢格局。公开资料显示，这一模式起步最晚，我国首单于 2022 年 3 月在深圳和天津两地发行，规模分别为 2.5 亿元和 1.61 亿元，为持有底层资产的科技型企业完成了最低 1000 万元、最高 2400 万元融资。

总体来看，资产证券化是在各类科技金融基础产品之上再行嵌套债券工具的融资手段，能够有效集合间接和直接融资的优势，但因其结构与操作的复杂性，仍然面临成本费用较高、专业投资群体建设滞后、过于依赖主体增信等难点。纵观深圳、天津等先行地的成功案例，政府信用与财政资金的适时介入，以及强专业性、穿透性、前瞻性的风险评价体系，将是资产证券化更好支持科技创新的重要发力点。

29. 多层次资本市场如何为科技型企业提供融资支持?

多层次资本市场是一个有机复合体,由主板、创业板、科创板、北交所、新三板、区域性股权市场等场外市场的多个层次协同构成。

具体来看,主板是成熟科技型企业稳定经营、实现规模进一步拓展的基石,要求企业具备连续多年盈利、较大资产规模与较高市值等条件,通常吸引处于成熟期、在传统科技领域已占据稳固市场份额、运营模式成熟稳定的科技型企业,如部分大型通信设备制造商、老牌软件服务企业等。成功登陆主板的科技型企业,可一次性募集巨额资金,用于新技术研发、产能扩张、全球市场布局,并凭借主板高知名度与广泛投资者基础,大幅提升企业品牌影响力,吸引上下游优质资源协同,还能以自身雄厚资金实力,发起对同行或上下游企业的并购整合,实现产业链延伸与规模效益递增。

创业板专为支持创新型、成长型企业设立,上市财务标准较主板灵活,着重考量企业创新投入、研发成果转化、营收增长速率等指标,聚焦战略性新兴产业领域即将或已经步入成熟期的企业,与科创板在科创企业细分领域、成长阶段侧重点上形成互补,从而为已经具备规模效应的科技型企业提供灵活资本辅助。

Wind 数据显示，2024 年第 3 季度末，创业板市盈率达到 53.07 倍，在各上市板块中仅次于科创板（97.79 倍），其中个股融资余额的前 10 位企业合计达到 365.3 亿元(见表 2-5)，有力支撑了新能源、新一代信息技术、生物医药等新兴领域的领军企业壮大发展。

表 2-5　2024 年第 3 季度末创业板个股融资余额 TOP10

序号	企业名称	所处行业	个股融资余额（亿元）
1	东方财富	金融	117.13
2	宁德时代	新能源	74.63
3	昆仑万维	新一代信息技术	29.20
4	中际旭创	新一代信息技术	27.13
5	沃森生物	生物医药	21.78
6	软通动力	新一代信息技术	20.06
7	亿纬锂能	新能源	20.01
8	迈瑞医疗	生物医药	18.99
9	爱尔眼科	生物医药	18.96
10	阳光电源	新能源	17.41

数据来源：Wind 数据库。

科创板是我国多层次资本市场的重要"试验田"，将"硬核"科创属性置于首位，要求企业研发投入占比持续高位，拥有核心自主知识产权，技术处于国内外前沿水平，产品或服务在关键领域实现国产替代或开拓全新市场空间，从源头上确保入驻企业的科技含金量，精准服务芯片制造、未来装备、前沿新材料等"硬科技"范畴企业，较创业板而言企业所处板块更为高端前端，核心产品价值链地位更为突出。据《证券日报》数据，截至2024年11月，科创板已合计支持577家新一代信息技术、生物医药、高端装备、新能源、新材料、节能环保等高新技术产业和战略性新兴产业企业上市，其中包含351家国家级专精特新"小巨人"企业、60家制造业单项冠军企业、51家制造业单项冠军产品企业，总市值超6万亿元。此外，科创板企业研发投入强度始终保持高位（见图2-8），以2023年为例，科创板企业研发投入金额达1561亿元，研发投入占营业收入比例中位数为12.2%，在资本市场各大板块中位居第一。

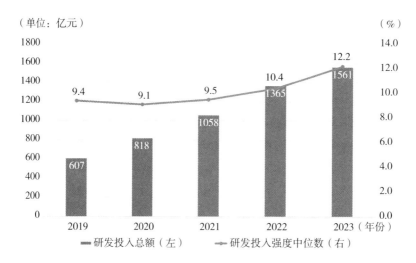

图2-8　2019—2023年科创板公司研发投入情况

数据来源：上交所公开数据。

北交所是我国多层次资本市场体系建设的重要里程碑，以服务专精特新等科技型中小企业为总体定位，补齐了多层次资本市场支持科技创新的"最后一环"。在具体制度设计上，北交所于 2021 年由原新三板精选层"平移"建立，申报上市公司严格选自原新三板创新层，申报市值要求以及强制退市规则均较创业板和科创板更为宽松，重点聚焦具有盈利能力、较快业务发展速度、具有研发能力且已经开始实现收入、具有研发能力但尚未开始盈利的四类企业，在建立后成为新三板企业转板上市的首要选择。①

新三板则是科技型中小企业的创新主战场，也称全国中小企业股份转让系统，通过简化挂牌流程、较低财务门槛等制度创新，为初创期、规模较小的科技型企业提供股份公开转让的机会，从而吸引早期风险投资关注。同时，新三板转板制度具有强大引导效能，允许优质企业在新三板完成初步成长积累后，转至科创板、创业板等更高层次市场，以此引导挂牌企业在规范公司治理、财务信息披露等方面接受市场监督，为后续进阶更高层次资本市场夯实合规基础。据 iFinD 数据统计，2007—2023 年，全国新三板公司成功转板上市企业已达到 682 家（见表 2-6），其中北交所 231 家、创业板 224 家、科创板 126 家、沪深主板 101 家，在科技型企业发展中的"跳板作用"日益强化。

---

① 安永 EY：《多层次的资本市场的重要里程碑，北交所基础制度解析与对比》，2021 年 10 月 29 日，见 https://mp.weixin.qq.com/s/6_uvDDE15dazXz4H5zo5RA。

表 2-6　2007—2023 年全国新三板公司成功转板上市企业统计

年份	沪深主板	创业板（2009 年 10 月正式开板）	科创板（2019 年 6 月正式开板）	北交所（2021 年 11 月正式开市）	总计
2007	1	0	0	0	1
2008	0	0	0	0	0
2009	1	1	0	0	2
2010	0	1	0	0	1
2011	0	2	0	0	2
2012	0	2	0	0	2
2013	0	0	0	0	0
2014	0	1	0	0	1
2015	0	3	0	0	3
2016	0	1	0	0	1
2017	8	10	0	0	18
2018	17	6	0	0	23
2019	16	13	14	0	43
2020	23	41	42	0	106
2021	24	68	43	71	206
2022	5	45	15	83	148
2023	6	30	12	77	125
总计	101	224	126	231	682

数据来源：同花顺 iFinD 金融数据终端。

　　区域性股权市场则作为场外市场的重要部分，集合银行金融、非银金融、社会投资、证券服务等各类金融业态，并依托地方产业特色与政策底盘设立"专精特新"专板，为本地科技型小微企业提供股权托管、质押融资、股权转让等基础性金融服务，同时搭建企业与地方政府、金融机构、产业园区沟通桥梁，从而以"政产学研金服用"的全面协调为科技型企业提供全生命周期服务支持。据工信部公开数据，截至 2024 年 11 月，全国 17 家区域性股权市场"专精特新"专板已经吸纳近万家企业，成为科技型企业梯度培育的有力支撑。

30. 股权投资通过怎样的路径与渠道支持科技创新？

　　股权投资是指投资者通过购买未上市企业股权、向企业注资并获取未来收益的一种投资模式，本质上具有"风险共担、收益共享"的特性，因此天然适应科技创新高投入、高风险和长周期特点。从模式上看，股权投资可以分为直接投资和间接投资。直接投资包含股权转让、增资扩股、债转股、股权置换等常见方式，操作流程成熟、风险清晰，单一投资人即可完成相关操作。间接投资则以最大限度降低风险、强化杠杆效应为目标，随具体投资情形而应用不同的方式，近年来屡现前沿创新，因此有望成为未来科技创新股权投资的新支柱。

　　具体来看，股权间接投资的多样性主要表现在其载体的多样性上。除各类公司、企业等传统投资主体外，持股平台、不动产投资信托基金（即"公募 REITs"）、股权投资基金是最受投资者青睐、发展最为迅猛的新型载体代表，能够最大限度撬动科技型企业的既有资产价值，同时降低投资者"投早、投小、投科技"的风险预期。

一是持股平台，即自然人通过有限公司、合伙企业、资管计划等平台载体来间接持有目标公司股权，相较直接持股模式，具有更强的灵活性和杠杆性。一方面，持股平台架构的具体形式较为灵活，能够最大限度实现股权和决策权的协调统一，通过平台具体形式的选择来形成更有利于被投资企业发展的决策架构，并为未来股权退出阶段预留空间，确保主体公司的股权结构不受影响。另一方面，持股平台作为中间层，能够为投资人或创新主体进行代理。如在职务科技成果权属制度改革尚未完成的阶段，持股平台可通过购买职务科技成果转化过程中创新主体持有受限的股权部分，并与创新主体共同成立成果转化公司，从而更好地提升创新链衔接与运行的紧密性。

二是不动产投资信托基金，主要通过发行收益凭证或股份，将各方资金汇集起来投资于不动产项目，并将投资收益按比例分配给投资者。"公募基金＋资产支持证券（ABS）"的基础架构是基于中国现行法律体系并参考境外案例设计出来的创新性产品架构（见图 2-9）。这一载体与不动产资产证券化类似，都可以撬动挖掘低流动性不动产的未来盈利空间，是助力打通重资产类科技创新项目退出通道的新兴手段。如科技园区、科技孵化器等容易形成不动产储备的科技创新项目，均可通过发行公募 REITs 的

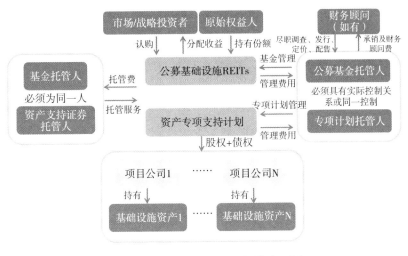

图 2-9　公募 REITs 运作模式示例

方式盘活或收回资金，并引入更为专业的运营方以扩大项目未来收益空间。随着我国科技创新项目日益专业化、精细化发展，公募 REITs 有望缓释民间资本投资的后顾之忧、释放更大价值。

三是股权投资基金，也是目前科技金融产品体系中最受关注的部分之一，已经成为地方政府基金体系的重要组成部分，其体系与具体模式将在以下两问中进行阐释。

31. 科技创新基金是怎样构成的？

基金是我国金融体系的重要组成部分，是服务特定目的、以一定形式组织在一起的资金集合体。与科技信贷、科技保险等传统单一型产品不同，基金可以与股权、证券、债券等直接融资产品广泛组合，从而分散单一投资风险，因此是直接融资渠道中与创新孵化匹配度最好、囊括主体最为多元的模式之一，不仅直接助力潜力创新成果向成熟项目、企业孵化转化，也能够为前端基础研究和应用研究提供必要资金支撑，更可以凭借专业的投前评估与投后管理服务，为创新主体提供行业资源、战略指引以及经营建议，助力科技型企业更好地壮大发展。其中，按照资金来源，科技创新基金可以简略分为由企业、高校院所、行业协会或个人全额出资的市场化基金，以及由政府财政全额或首先出资并起引导作用的政府性基金。本节首先对市场化科技创新基金进行简要阐述。

从投资方式来看，市场化科技创新基金可分为股权投资基金、债权投资基金和夹层投资基金。

股权投资基金主要是通过购买科技型企业股权，以股东身份参与企业战略规划、技术开发、成果转化、市场拓展等关键环节，从企业创新和发展中获得收益。该类型是典型的风险投资，投资者可能因企业创新失败而面临股权价值下降或企业破产的风险，企业则可能面临股权稀释的风险。

债权投资基金依据科技型企业信用或（抵）质押物情况、向企业提供债务资金，到期后按约定的利率获取利息收益，与银行信贷属于同类金融产品。相较股权投资而言，债务投资规模小、风险低，在企业破产清算时债权投资者可优先于股权投资者获得清偿。

夹层投资基金则介于股权和债权之间，可以理解为股权投资与债权投资的结构化组合，其中既包含优先偿还的债务，也带有一定的股权转换权。因此，不论对投资者还是企业，都是投资收益与风险系数最为平衡的产品。

从投资特点来看，市场化科技创新基金可以按照投资策略的不同，进一步划分为创业投资基金、风险投资基金、私募股权投资基金、私募证券投资基金和公募证券投资基金（即公募基金）等。其中，创业投资基金也称天使投资基金、种子投资基金，多投向种子期的项目团队或企业，投资成功率最低，具有潜力资源"掘金"的特征。风险投资基金则专注挖掘初创期和成长期的企业和项目，团队多具有丰富的行业尽调、市场分析与科技追踪能力。私募股权投资基金以非公开方式募集，在企业技术趋于成熟、商业模式初步验证的关键节点入场，以股权投资项目（见图 2-10）形式大额注入资金，助力企业加速商业化进程甚至筹

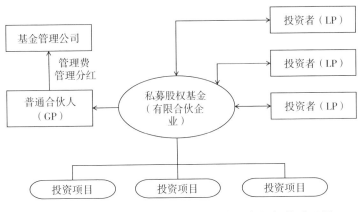

图 2-10　私募股权基金（有限合伙企业）运行模式示例

备上市冲刺。私募证券投资基金主要投向上市公开交易的股票、债券等。公募证券投资基金则指公开募集、投向上市公开交易的股票和债券产品的资金集合体。

除上述三类之外，我国还有信托基金、公益基金等投资于科技创新板块的基金类型，如由中国技术市场协会联合中国光华科技基金会共同主办的科技创新驱动公益基金、四川省科学技术协会主办的四川省科技公益发展基金会等。但这些基金规模有限且封闭性较强，较难形成资本注入—创新孵化—产业盈利—资金回流的科技金融循环，故在此不多作赘述。

32. 科技创新领域的政府引导基金体系是怎样运作的？

从基金资本构成来看，我国科技创新领域的政府引导基金体系主要由三类构成。

一是由各级财政资金全额出资的政府性基金，包含必须由财政全额出资的政府产业引导基金（即母基金）和母—子基金均为财政拨款设立的基金（见图 2-11），如由国资委和财政部发起、相关中央企业共同出资设立的中央企业贫困地区产业投资基金，以及 2024 年 9 月设立的上海首个百亿级未来产业基金等。其中，国家级基金多服务于经济社会发展全局，如促进城乡区域协调发

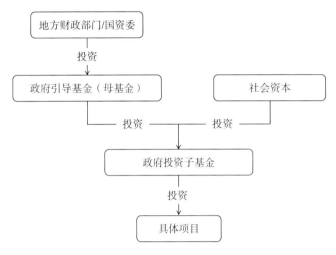

图 2-11 政府产业基金（母—子基金形式）结构示意图

展、促进绿色低碳发展等；地方政府基金则因财政管理考量，更加追求创新投入的实际产出，多以成果转化为直接目标、带有资本招商特征。目前，仅有上海、北京等全国超一线城市设立了追求远期收益、服务国家战略的产业基金，初步形成了具有"天使投资人"特点的政府性"耐心资本"投资框架。

二是由财政资金主导设立、吸引撬动社会资本积极进入的政府产业基金。根据国家发展改革委、财政部 2016 年发布的《政府出资产业投资基金管理暂行办法》规定，政府出资产业基金仅能以股权投资形式投向企业，严禁明股实债、直接或间接从事期货等衍生品交易等行为，使其在投资上具有较强的"纯洁性"，是近年来发展最为成熟的地方基金模式。在形式上，政府引导基金多采用有限合伙形式，由国有资产管理部门和基金管理公司做子基金普通合伙人（即 GP，相当于基金管理方），引入其他社会资本做子基金有限合伙人（即 LP，相当于基金出资人），从而形成政府把握投资大方向、专业投资管理人负责精细决策与执行的投资机制，通过优惠政策、产业引导等方式，将财政金融资本投向种子期、成长期或成熟期科技项目，形成资金的杠杆放大效应。一方面，政府引导基金模式可以充分激发社会资本积极性、最大限度引入市场竞争投资机制，同时以政府投资"背书"中小型企业落地发展；另一方面，这一模式可以较好地保留政府财政对基金的控制力。较为典型的引导基金如各省市设立的创投基金、科技创新基金、成果转化基金、产业投资基金等，多投资于创新链条的中后端环节，要求财政注入后尽快形成实际产能。在合肥"资本招商"模式逐步推向全国后，政府引导基金已经成为地方集聚创新资源、扶持创新发展的重要手段。

另外，我国科技创新体系中还有基于"科学基金制"的国家级科研基金系统，其中包含国家自然科学基金、国家社会科学基金等，其资金主要来源于中央预算拨款，同时也鼓励地方政府、企业和其他组织投入资金开展联合资助。在基金本质上，国家级科研基金与此前讨论的各类基金不同，反而更接近于公益基金会的概念，以资助符合国家重大战略导向的基础研究项目为目标，不具有营利属性。

第二节　科技金融服务的联动化发展

33. 科技金融创新联动的
意义是什么？

科技金融联动模式，是指在科技金融生态体系中，银行、投资机构、保险公司、担保机构等多元金融主体打破传统业务边界，通过紧密协同、资源共享、风险共担，形成有机整体，为科技型企业提供全方位、多层次金融服务的创新范式。其核心在于整合各方优势，精准匹配科技型企业在研发、产业化、市场拓展等各阶段的差异化金融需求，化解科技型企业成长中的痛点与瓶颈。从发展脉络看，早期科技型企业融资主要依赖银行信贷，因轻资产、高风险特性，面临融资难困境。随着科技创新浪潮涌起，政策引导下，金融机构探索转型。2016 年，原银监会等部门开启投贷联动（亦称投债联动、股债联动、投债联动）试点，鼓励银行与投资机构合作，开股权与债权融合先河；同期，深圳、上海等先发地区陆续启动了投担、政银保担等合作项目，为企业创新创业强化风险保障与增信支持。近年来，"五篇大文章"成为科技金融发展的首要指引，《关于扎实做好科技金融大文章的工作方案》《关于实施支持科技创新专项担保计划的通知》系列文件先后出台，为科技金融"联动赋能"搭建了坚实且清晰的制度框架，"投贷债保""政银保担企 +"等全方位协同模式赋予企业多渠道一站式融资的广阔机遇。如今，科技金融联动模式已成为推动科技产业发展、助力经济转型升级的关键力量，投贷联动、投担联动、政银保担联动以及股贷债保联动四类模式已经成为科技金融体系中的生动范本。

综合各类模式来看，各产品联动可以有效降低单一机构提供服务的风险性，从而增强金融服务科技型企业发展的能力，但对跨机构信息共享以及跨主体标准制定提出了极高的要求。不同金融机构数据标准、系统架构迥异，银行侧重财务数据、投资机构聚焦技术前景、保险公司关注风险因子，在联动中容易导致"信息孤岛"，阻碍协同决策的科学性和有效性。此外，多主体间利益分配微妙复杂，风险偏好、收益预期不同，更需要精细且合理的费用核算与利益分配算法，否则很可能导致风险沿链传导，冲击金融体系的整体稳定。基于此，政府和具有资本技术实力的金融集团应当探索建立统一的金融科技平台，运用大数据、区块链技术，推动企业信息实时共享、各项风险穿透式监测，构建公平合理的利益分配和风险联防联控体系，引领科技金融迈向深度融合新境界。

34. 科技金融中的投贷联动模式是如何操作的？

投贷联动即股权债权协同的模式创新，可细分为"银行＋子公司"的内部协同和"银行＋外部投资人"的内外联动两种路径。

在"银行＋子公司"投贷联动模式下，商业银行通过控股或参股等形式，设立具有股权投资功能的子公司，构建起内部协同的金融服务架构。子公司依托银行的客户资源、风控体系与资金实力，专注于挖掘科技型企业早期投资机会，精准筛选具备核心技术、创新商业模式与成长潜力的项目，以股权形式注入资金，成为企业成长的"权益合伙人"。如北京银行旗下的北银丰业投资子公司，面向科技前沿领域建立了专业投研团队，与北京赛佰特科技有限公司以 1.8 亿元估值达成认股权合作，在 2 年行权期内，依约出资 500 万元，获得增资后股份，与企业风险共担、利益共享。在此基础上，北京银行基于自身对赛佰特运营数据、资金流的持续监测，以及北银丰业投资反馈，为企业量身定制了500 万元的纯信用授信方案，用于支持企业研发投入与日常运营周转。二者紧密配合，股权债权协同发力，助力赛佰特成为工业互联网安全行业的重要领军企业，也为"银行＋子公司"投贷联动模式塑造了一大成功范例（见图 2-12）。

"银行＋外部投资人"的模式则强调商业银行与 VC、PE 等

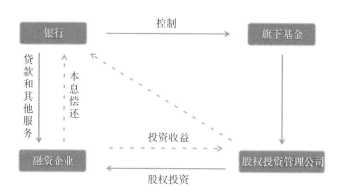

图2-12 "银行+子公司"内部联动运作模式

股权投资机构协作，整合双方优势资源，搭建科技型企业金融服务桥梁。银行借助股权投资机构的敏锐市场嗅觉、深厚行业洞察筛选优质项目，股权投资机构则利用银行资金规模优势、稳健风控体系强化投资续航能力。如天津银行与多家知名股权投资机构建立紧密战略合作，当股权投资机构锁定某一潜力科技型企业并完成首轮股权投资后，天津银行依据投资机构尽职调查报告、企业技术先进性、市场竞争力、成长潜力等综合评估，为企业配套相应信贷融资。同时，双方建立动态信息互通机制，银行定期跟踪企业运营，投资机构分享行业趋势、竞品动态，协同助力企业应对挑战，实现跨越式发展。但从中也可以看到，这一模式更类似于"跟投下注"，银行与外部投资人之间的信息互通更多依赖法律协定以及职业道德，风险转嫁、恶性套利、"搭便车"并非不可能。因此，未来外部协同运作模式的深化发展，必然需要具有公权力背景的信息机制作为保障。

35. 科技金融中的投担联动 具有怎样的优势？

投担联动即股权投资与融资担保机构的协同模式，是各类主流联动模式中起步相对较晚，但政策倾斜力度大的重点模式之一。2024 年 7 月财政部等四部委《关于实施支持科技创新专项担保计划的通知》明确提出，"在依法合规、风险可控前提下，鼓励有条件的政府性融资担保、再担保机构探索科技创新担保与股权投资机构的联动模式"，昭示着股权长期资本与债权短期贷款之间优势互补的巨大潜力。

这一联动具有深远的现实基础与合理性支撑。一方面，科技创新项目的融资需求是动态的、波动的，也是稳定的、持久的，科技型企业在项目研发阶段往往对长期耐心资本需求突出，但在生产阶段则会要求更高水平的短期流动性资金支撑。因此，股权投资与融资担保在项目源上具有共享的空间和可能。另一方面，股权投资和融资担保面临的风险要素同样具有共性，均需要对企业行业前景、财务状况、管理团队、市场竞争力等因素进行评估，并合理运用风险分散策略、构建投资组合，避免单一项目风险外溢扩散成为结构性风险。因此，股权投资与融资担保在项目筛选标准、专业能力需求、风险信息要素等方面的利益是趋同的。二者通过项目互享、尽调互认、信息互通、人才互用、经验互鉴等实现联动，既有利于降低资源消耗与操作成本，也可以形成相互印证的多层次、多主体"安全性背书"，避免信息不透明、不对称导致的潜在风险，最大化项目投资收益。

与投贷联动不同，出于信息协调与共享的考量，我国投担联动主要表现为内部运作模式，即国有金融控股集团旗下子公司间的内部协调联动，各方互为保障，一方在另一方完成服务的情形下，以确认己方优先服务权为条件迅速介入并形成后续融资服务关系，其实质可以被理解为在集团内部形成公共信息池，以公共信息池的稳定运转确保集团对优质项目的优先服务及盈利权限。

如武汉东湖高新区出资建立的武汉光谷金控集团，旗下设有科技担保以及创投基金、产业基金等多家投资基金。在投资过程中，光谷科技担保以光谷基金的投资决策为依据对接企业，从企业实际需求出发制定融资担保服务方案，再以"优先投资权"替代支付担保费用，从而确保企业优先接受光谷系列基金注资，推动被投资企业与本地产业载体紧密捆绑。根据网络公开资料，光谷金控集团通过这一模式已经与 3 家专精特新企业达成优先投资协议，累计完成担保金额 2500 万元，免除担保费用超过 10 万元①。

---

① 数据来源：《光谷科技担保发挥"投担联动"优势 打造"科技＋资本＋增信"创新模式 做企业身边"融资专家"》，《湖北日报》2023 年 8 月 25 日，见 https://news.hubeidaily.net/mobile/c_1744812.html。

36. 政银保担联动模式如何更好地推动科技金融发展？

政银保担联动模式是以政策制度和政府信用为依托，构建保险公司、担保机构与银行三方紧密协同、权责明晰的合作机制。相比传统的投贷联动和投担联动，政银保担模式因其发挥政府公权力的驱动作用，能够最大限度地助力各方主体跨越信息和体制机制壁垒，以明确的政策条文规范各方行为、划分各方利益、确认各类标准，从而从制度层面使跨主体的外部联动成为可能。

具体来看，政府方多为财政和科技等相关主管部门，作为联动模式的"牵头人"，负责制定"政银保担"实施规则，明文确认各方责任、重点工作和覆盖对象，形成各方认可并执行的考核与监督机制，并以财政贴息、贴费等政策形成资源要素保障。在此基础上，银保担三方联合开展尽职调查，保险公司运用风险精算评估企业潜在风险损失，担保机构考量企业资产质量、经营稳定性并提供增信方案，银行聚焦资金流、财务状况核定授信额度，信息共享、交叉验证，全方位洞察企业风险收益轮廓。在风险分担层面，依据三方协定比例，一旦企业出现违约，保险公司按约赔付贷款损失一定份额，承担突发风险冲击；担保机构履行代偿责任，凭借自身信用和政府财政兜底缓释银行信贷风险；银行作为资金提供方，依循风控流程监管资金流向、回收本息，真正为科技型尤其是轻资产企业解决融资难、融资贵的难题。

以深圳"政银保担"实践为例，在深圳市委金融办指导下，由福田区政府牵头，国任保险与交通银行深圳分行、深圳福田融资担保共同建立"政府 + 银行 + 保险 + 担保"四方合作机制，成功为国家（深圳）气候投融资项目库入库项目企业办理知识产权质押融资创新贷款业务，授信额度 600 万元，远高于传统银行授信额度，最大程度解决企业从初创到快速发展"融资难、审批慢"的问题，切实降低企业的融资成本①。

37. 股贷债保联动模式是如何实现的？

股贷债保联动模式与投担联动类似，也是以金控集团的多元牌照优势和资源渠道能力为依托，为企业打造更能覆盖多元主体、服务生命周期全阶段的一站式综合金融服务平台。2023 年6 月国务院常务会议《加大力度支持科技型企业融资行动方案》审议通过，提出，要"加快形成以股权投资为主、'股贷债保'

---

① 数据来源：深圳市生态环境局：《深圳市支持绿色低碳发展的金融财税政策宣讲暨气候投融资对接会成功举办》，见 http://meeb.sz.gov.cn/gkmlpt/content/11/11706/post_11706989.html#3765。

联动的金融服务支撑体系"，为各地科技金融突破单一产品与服务局限，形成品类丰富、持续性好、链条完善的科技金融新质生态。

在实践模式上，该联动可与科技型企业成长全生命周期一一对应，具有接力属性，是构建耐心资本及其循环的必要一步。其中，股权投资最具风险容忍能力，是种子期、初创期企业发展的"资本优选"。信贷投资体量大、流动性强，可为企业规模化生产与对外销售及时补充资金，加速形成资本周转循环。债券投资与信贷紧密衔接，在企业初步完成市场经营和信用积累后入场，能够以较低成本融得安全资金。保险则为企业全生命周期和全融资流程保驾护航，确保各环节风险得到有力对冲。

在我国，中信金控集团在股贷债保联动领域最具代表性。在股权端，中信证券、中信建投证券凭借深厚投研实力、广泛行业资源，为企业提供从初创期天使投资、VC 和 PE 引入，到上市前辅导、IPO 保荐，上市后市值管理、再融资等一站式股权服务，深度参与企业成长全程。信贷层面，中信银行创新信贷模式，综合考量企业科技属性，定制专属贷款产品，精准供给成长资金。债券层面，中信证券、中信建投证券挖掘债券融资机会，为不同发展阶段企业设计发行公司债、科技创新债等多元债券工具，拓宽融资渠道。保险保障上，中信保诚人寿等子公司开发科技保险产品，覆盖研发、市场、知识产权各环节风险，为企业稳健运营托底。

第三节 科技金融产品与服务的创新主体

38. 科技金融专营机构指什么？

专营机构这一概念最早出现于银行体系，根据《中资商业银行专营机构监管指引》定义，主要指中资商业银行针对本行某一特定领域业务所设立的、有别于传统分支行的机构，具备独立法人资格。其中，银行科技金融专营机构最早出现于 2009 年。在科技部联合中国人民银行、原银监会的推动下，位于成都高新区的建设银行支行与成都银行支行成功升级为"科技支行"，将业务重点转为为区内高新技术企业提供金融服务。随后，原银监会发布《关于进一步加大对科技型中小企业信贷支持的指导意见》，选择部分银行分支机构共建科技金融合作试点单位。自此，以科技支行为代表的科技金融专营机构逐步成立。近年来，随着科技金融概念与实践的快速发展，科技金融专营机构逐渐拓展到其他金融业态，如科技保险中心、科技担保公司、科技小额贷款公司等，均是集中服务企业科技创新的特色分支机构。

因此，科技金融专营机构在业务范畴上与普通分支机构保持一致，但在服务对象、管理模式、权限设置三方面有细微区别：一是科技金融专营机构集中服务科技型企业或企业科技创新相关活动；二是科技金融专营机构较多受直属机构总部的条线管理，直接享受总部渠道生态与行业资源；三是科技金融专营机构多拥有一定限额之内的产品、服务审批自主权，是金融机构科技产品与服务创新的前沿阵地。

但在实践中，科技金融专营机构发展正面临三方面挑战：其一是专营机构评定标准不完善，导致部分专营机构设立"赶潮流"，业务模式、服务对象等与传统分支机构趋同，未能精准聚焦科技创新，产品和服务的"科创味"不浓。其二是科技金融定义不清晰，存在企业科技创新和科技型企业发展两个侧面，其中均包含不直接支持创新活动的部分，为机构识别服务主体、开展业务带来困难。其三是风险管控难度较大，科技型企业多以无形"软"资产为主，知识产权评估难、变现弱，且较易受市场环境、政策波动冲击，信用风险、市场风险高。

可以预见，科技金融专营机构将持续多元化发展，覆盖业态及业务功能均将继续专业化、精细化升级。为此，政策、制度、激励、监管的及时跟进至为重要，各类机构也有必要强化胆识、增强运用信息技术的意愿与能力。

39. 科技金融专营机构相比传统 金融机构有何独特之处？

科技金融专营机构相比传统金融机构，其独特之处在于更加专注于科技型企业，对科技行业有更深入的理解和专业认知，通常具有更灵活的业务模式、更快捷的决策流程以及更贴合科技企业需求的金融产品和服务。

一是服务对象针对性强。传统金融机构服务对象广泛，涵盖各类行业和企业规模，而科技金融专营机构主要针对科技型企业，并针对科技企业轻资产、高成长、高风险和高收益潜力的特点开发产品，可以更好解决初创期科技企业缺乏传统抵押物、不适用传统信用评级方式等问题。

二是风险管理方式独特。科技型企业技术迭代快，产品生命周期短，面临技术研发失败、技术被替代等风险。科技金融专营机构会着重评估企业的技术创新性、技术壁垒以及技术团队实力等，通过引入专业技术评估人员或借助外部专业机构，对技术风险进行准确识别和评估。鉴于科技企业发展的不确定性，科技金融专营机构对风险的容忍度相对传统金融机构更高。

三是金融产品与服务创新。针对科技企业不同发展阶段推出特色产品，比如针对种子期和初创期企业，推出知识产权质押贷款、股权质押贷款等产品；对于成长期企业，提供投贷联动产品，将债权融资与股权融资相结合，满足企业快速扩张的资金需求。除传统的存贷款、支付结算等服务外，还提供包括知识产权评估、科技保险、财务顾问、上市辅导等一站式综合金融服务。

四是专业人才团队优势。科技金融业务涉及金融、科技、法律等多领域知识，科技金融专营机构的人才团队不仅具备金融专业知识，还需了解科技行业发展趋势、掌握相关技术知识，能够准确评估科技项目的价值和风险，为科技企业提供专业的金融服务。

五是考核激励机制更加灵活。传统金融机构考核指标侧重于资产规模、存贷比、利润等，科技金融专营机构考核机制更注重对科技金融业务的专项考核，以及对科技企业服务的满意度等指标进行考核，激励员工积极拓展科技金融业务，为科技企业提供优质服务。

40. 科技金融产品与服务的供给 主体有哪些？

在我国，提供科技金融产品与服务的机构由银行金融机构、非银行金融机构和政策性金融机构共同构成，各类机构在支持科技企业融资、推动科技创新方面各有优势（见表2-7）。

表2-7　三类科技金融产品与服务供给主体机构的对比

类别	主要服务内容	优势	劣势
银行金融机构	创新贷款、股权投资	资金规模大，产品丰富	风险偏好低，审贷严格
非银行金融机构	风险投资、融资担保、租赁	投资灵活，风险容忍度高	资金规模小，风险控制难度大

类别	主要服务内容	优势	劣势
政策性金融机构	低息贷款、专项基金、担保	政府支持，政策配套	申请流程复杂，主要面向大项目

银行金融机构是科技金融的主要提供者，通过创新贷款、股权投资、知识产权质押等金融工具，为科技型企业提供全生命周期的资金支持，包括国有商业银行、股份制银行、城市商业银行等，其资金来源稳定，规模大，产品种类丰富，可提供多种融资方式，与政府、科技园区、企业有紧密合作关系。但是也存在风险偏好较低、审贷标准较为严格、对初创企业的风险容忍度有限等问题。

非银行金融机构包括风险投资公司、融资担保公司、保险公司、融资租赁公司、科技小贷公司等，在补充银行贷款不足、支持高风险科技项目方面发挥了重要作用，其风险容忍度较高，适合高成长企业，投资方式灵活，多采用股权投资和投贷联动模式，更关注企业的核心技术和知识产权。但是也存在资金规模相对较小、风险控制机制需要加强等问题。

政策性金融机构由政府设立或主导，主要承担支持科技创新、产业转型的政策任务，在科技金融领域提供低息贷款、专项基金、融资担保等服务，以扶持高新技术企业和战略性新兴产业。其往往具备政府背景、资金成本较低，并且可以提供配套税收优惠和贴息政策，与此同时其申请程序也更为复杂，更加倾向于扶持规模较大的科技项目（见表2-8）。

表 2-8 主要政策性金融机构的科技金融业务布局

机构名称	服务内容	主要政策支持项目
国家开发银行	提供科技项目贷款、产业基金	国家重大科技项目、科技园区建设
中国农业发展银行	支持农业科技企业融资	智慧农业、农村电商项目
中国进出口银行	支持高新技术企业"走出去"	高科技产品出口融资
火炬高技术产品开发中心	管理和运营国家科技成果转化引导基金	科技成果转化项目
地方科技金融平台	地方政府设立的科技金融服务平台	各省市科技金融专项政策

41. 科技金融配套服务主体有哪些?

由于科技型企业、高校院所等创新主体资产构成的特殊性,科技金融与传统金融在运行模式方面大有不同,核心差异即在于创新主体资产评估定价方法上。不论是信用贷款、知识产权质押贷款还是技术资产证券化,均要求引入具有专业视野和坚实方法论基础的第三方评估机构和信息服务平台,从而精准测算科技项目的技术价值、经济价值和市场价值。因此,科技金融的可持续运行必须以完善的配套服务体系为支撑,通常包括会计师事务所、律师事务所、评估机构、咨询公司、科技园区管理机构、知识产权服务机构等服务主体,其中四类主体较具有代表性:科技评估机构、技术经理人队伍、金融科技机构、科技型企业孵化器和加速器。

一是科技评估机构，根据委托方明确的目的，遵循独立、客观、公正、科学的原则、程序和标准，运用科学、可行的方法对科技成果进行专业化的咨询和评判，确定其在特定市场和环境下的合理价值，为科技成果的交易、转化、入股等提供价值参考。我国最具代表性的科技成果评估机构是中华人民共和国科学技术部科技评估中心（以下简称"国家科技评估中心"），此外，高校、企业、投融资机构等也积极组建科技评估机构。《中国科技评估发展报告 2022》显示，截至 2021 年，我国开展科技评估相关业务的机构已逾 12 万家，其中企业类机构占比 93%，是金融机构投资决策的重要辅助机构。[①]

二是技术经理人队伍，是一群具备专业知识和技能，专门从事技术转移、成果转化和科技型企业运营管理等工作的人员。其职责范围包括技术评估与筛选、市场调研与商业策划、知识产权管理、技术转移与交易谈判、企业孵化与成长管理等内容，是党的二十届三中全会重点提及、要求各地着力培养的产融结合"润滑剂"。目前，我国技术经理人队伍建设仍处于探索期。根据科技部《"十四五"技术要素市场专项规划》，到 2025 年，国家技术转移机构要达到 500 家，技术经理人数量要突破 3 万名。但这仍然远远落后于欧洲每 100 位科研人员平均配备 4 名技术经理人

[①] 科技部：《〈中国科技评估发展报告 2022〉发布》，2023 年 12 月 6 日，见 https://www.most.gov.cn/kjbgz/202312/t20231206_188924.html。

的比例，昭示着这一领域科技金融"补课"的重要性。

三是金融科技机构，即运用新一代信息技术对金融业务进行创新和优化的各类组织，其中既包含阿里巴巴、百度等互联网"大厂"，也包含中国人民银行和各级政府主导建设的金融区块链平台、金融大数据中心、金融云计算基地等，能够助力金融机构精准匹配企业融资需求、简化融资流程、提供个性化定制化服务，并通过大数据风控、智能监管等功能最大限度规避金融风险。

四是科技型企业孵化器和加速器，是面向种子期、初创期科技型企业，集聚办公空间、共享设施、创业指导、商业资源对接、战略规划咨询、市场拓展服务、资本运作支持等发展服务的空间实体。通过在特定空间集成相关服务，孵化器和加速器能够定期举办融资路演、金融知识讲座、产融闭门研讨会等，从而为企业搭建与天使投资、种子基金等早期金融资本沟通的桥梁。据 2024 年 10 月 23 日的国新办新闻发布会数据，我国累计培育孵化机构 1.6 万多家，服务创业企业和团队已超过 70 万家，已经成为全球孵化器数量最多的国家；《中国火炬统计年鉴 2022》显示，2021 年我国孵化器孵化基金总额达到 2664.1 亿元，平均年增长 45.2%。均显示了孵化器在科技金融发展中的关键力量。①

---

① 《科技与金融杂志》：《我国科技企业孵化器投融资现状、差异与完善建议》，2024 年 1 月 12 日，见 https://mp.weixin.qq.com/s/do3RKn7sFXGvRNaqEDQCIA。

42. 政府在科技金融产品与服务创新中发挥什么主体作用？

政府在科技金融产品与服务创新中扮演着至关重要的角色，通过多方面主体作用的发挥，能够有效推动科技金融产品与服务创新，促进科技与金融的深度融合，助力科技创新和经济高质量发展。

一是作为政策制定者，通过制定和完善相关政策法规，为科技金融产品与服务创新营造良好的政策环境。例如，出台税收优惠政策，对参与科技金融创新的金融机构、企业给予税收减免，降低其创新成本；制定监管政策，明确创新业务的规范和边界，保障市场的健康稳定发展。

二是作为引导推动者，利用财政资金、产业引导基金等手段，引导金融资源向科技创新领域配置。比如，设立专项科技信贷风险补偿资金，当金融机构向科技企业提供贷款出现风险时，给予一定比例的补偿，鼓励金融机构加大对科技企业的信贷支持。

三是作为平台搭建者，组建各类科技金融服务平台，促进科技企业与金融机构之间的信息交流与合作，建设各类科技金融信息服务平台，整合科技企业的融资需求信息和金融机构的产品服务信息，提高资源对接效率。

四是作为市场培育者，通过宣传推广、教育培训等方式，培育科技金融市场主体的创新意识和能力，组织开展科技金融专题培训，提升科技企业的融资能力和金融机构的创新服务水平，举办科技金融创新大赛等活动，激发市场主体的创新活力。

五是作为风险分担者，构建风险分担机制，降低科技金融创新的风险。例如，政府支持设立再担保机构，为担保机构提供再担保服务，分散担保机构为科技企业担保的风险，增强担保机构的担保意愿。

第三章

科技金融的应用场景与典型案例

　　科技金融的应用场景与典型案例是理解其实际效用和影响力的关键。本章将深入探讨科技金融在不同场景下的应用，围绕创新链场景、企业全生命周期融资需求场景以及实体经济发展需求场景，分析科技金融如何通过创新金融服务模式，满足科技企业不同阶段的融资需求，以及推动实体经济转型升级，包括对传统企业、科技企业以及不同发展阶段企业的融资支持，并通过具体案例展示科技金融如何通过创新产品和服务促进技术与产业的深度融合，支持科技成果转化，以及推动产业创新。本章旨在揭示科技金融在实际操作中的多样性和有效性，为科技型企业提供可借鉴的经验。

第一节　科技金融围绕创新链场景布局

43. 科技金融如何支持基础研究?

　　科技基础研究处于科技创新链的前端,相较其他创新链环节,具有最为独特的金融需求属性。首先,基础研究投入规模巨大,以高能物理研究为例,大型强子对撞机的建设与运行成本高达数十亿欧元,且后续维护、升级费用不菲,远非科研机构或企业一己之力所能承担,迫切需要多元化金融力量协同支撑。其次,基础研究研发周期漫长,从问题提出、理论构建到实验验证、成果产出往往耗时数年甚至数十年,对金融资本的耐心与持久投入能力构成严峻考验。再者,基础研究风险程度极高,面临诸多不确定性,研究方向可能误入歧途、实验结果可能与预期相悖,新技术商业化前景可能不明朗,要求构建更具包容性和长期性的融资环境。此外,投资回报具有高度不确定性,市场需求变化、政策风向转变、技术门槛升高等因素均会影响成果变现能力和商业回报预期。

同时，基础研究是创新链中最具外部性与公共性的环节，非竞争性与非排他性鲜明，使科研主体较难独自享受成果收益，造就了较其他环节更为复杂的商业回报机制，更削弱了市场主体投资积极性，使其高度依赖于政策性资金的引导撬动作用。正是基于此，我国财政对基础研究的金融支持集中表现为政策性基金以及政策性银行专项贷款两大类型。

其中，政策性基金重点投向高校、科研院所和公益性科研机构，以科学基金制为基石，最早于1981年5月，以"中国科学院科学基金"的形式形成，通过40余年的发展，已经成为以中央财政为核心、以地方财政为支撑、以各类社会资本公益捐赠为辅助的覆盖各省的国家自然科学基金体系，2021—2023年平均每年资助约350亿元。2023年12月，国家自然科学基金委员会发布2024年度改革举措，要求不断完善多元投入机制，通过区域试点，扩大企业参与、社会和个人捐赠的范围，彰显着我国继续扩大金融支持基础研究的力度与决心。政策性银行专项贷款则主要指国家开发银行于2021年设立的科技创新和基础研究专项贷款，围绕重大科技项目、重大科技基础设施建设、重点科技创新型企业等切入点，重点支持基础研究和原始创新、助力实施战略性科学计划和科学工程，相较政策性基金，对企业基础研究投入的引导力度更强。国家开发银行公开资料显示，该专项贷款在"十四五"期间总体安排投放 3000 亿元,2024 年 1—8 月完成发放超过 400 亿元,已经成为引导企业加大基础研究科技投入的重要政策性金融抓手。

然而,上述两类财政金融年度合计支持约 900 亿元,与每年 2000 亿元左右①的全社会基础研究投入相比仍较低,且由于缺乏明确的金融支持渠道,政策性资金往往无法合理退出,面临极大的沉没成本与资源浪费。这意味着,市场化金融在支持基础研究方面仍大有可为。一方面,强化知识产权质押融资、科技保险等传统金融产品对基础研究的支持力度,构建更加适配基础研究融资需求的风险分担机制,将能够更好激发金融机构与科研机构共同打通融资渠道的积极性。另一方面,推动多元产品、服务和主体跨域融通,培养具有高精尖科研视野的投研团队,重点引入具有社会服务热情以及行业专业视野的协会专家力量,将有利于形成风险共担、利益共享的耐心资本,从结构上解决基础研究金融支持不足的核心问题,为政策性资本通过资产证券化、公开募集基础设施证券投资基金(公募 REITs)等方式合理退出奠定基础。

44. 科技金融如何支持概念验证?

概念验证环节具有轻资产、轻资质、轻履历、重投资的特

---

① 以 2023 年科技部公开数据为例,年度基础研究经费投入约为 2212 亿元。

点，其融资特点与基础研究存在类似之处。一是此环节距离产业化、产品化较远，不涉及生产资料投资，抵押物或担保物少，较难获得传统担保或抵押贷款支持；二是环节位于专利申请之前，因此知识产权等新型质押物同样较少，主体往往不具有科技创新相关资格资质认定，且很可能尚未形成企业实体，因此也较难获得信用和质押贷款支持；三是此环节投资需求紧迫，但盈利潜力极不明朗，回款周期不定，不适用于对盈利确定性要求较高的间接融资模式。因此，长周期、强风险偏好的直接融资模式更适用于概念验证环节。

具体来看，我国金融支持概念验证集中在财政专项资金和股权基金两类模式上。财政专项资金模式与流程基本成熟，在2022—2023年期间，大批省市借全国未来产业科技园建设契机设立概念验证专项资金，平均可为每个概念验证项目提供2—5年的30万—50万元资金支持。股权基金则起步更早，其中较多由社会资本与地方政府共同设立，如2021年力合创投与深圳南山区政府产业发展引导基金旗下南山创投共同设立西丽湖国际科教城概念验证基金，2024年粤港澳生态环境科学中心、广州市环境保护科学研究院和大湾区科技创新服务中心共建概念验证"资金+基金"体系，以及2024年湖北省武汉市洪山区政府引导母基金与光迅科技联合设立的信科概念验证天使创业投资（子）基金等。据公开资料，目前我国尚未形成社会资本全额出资的概念验证基金，高瓴资本、红杉资本等大型投资机构也尚未就此独立设立基金，将其包装在天使投资等创投基金中是更为主流的做法。

另外，2024 年 9 月，我国出现了首支概念验证保险产品——太平科技保险股份有限公司与益佳达医疗科技（上海）有限公司完成签约，尽管具体操作方式与双方权责约定仍未公布，但这无疑使保险产品服务介入概念验证环节成为可能，为更多基础研究成果落地转化创造条件。

45. 科技金融支持中试熟化的方式有哪些？

中试熟化，又称中间性试验，是指在科研成果完成实验室阶段研究后，进入大批量生产之前进行的试验性生产活动。其目的在于对实验室成果进行进一步的测试、调整与优化，以确保科技成果在技术上的可行性、经济上的合理性以及市场上的适应性。在这一阶段，科研人员需要将实验室中的小规模技术进行放大，解决从小试到规模化生产过程中的一系列技术难题，包括工艺流程的优化、生产设备的选型与调试、原材料的供应与适配等，对专业设备、场地、技术人员和实验耗材需求大，资金需求较概念验证阶段往往更高，但主体资质资产等基本情况往往未有改变，因此中试熟化环节的融资难点通常更为突出，已经是近年来各地重点关注、集中突破的科技成果转化节点，在科技成果转化各环节中实践经验最为丰富。

总体来看，我国金融支持中试熟化的方式与概念验证融资相似，涵盖以下三类：第一类与基础研发类似，以政策性资金为底层支撑，如由各级科技主管部门通过专项资金下发，或通过财政撬动社会资本、共同组建中试基金等，是中试熟化阶段发展最为成熟的注资模式。第二类则以完全市场化的股权投资基金为主，同时已经可见基于中试平台的知识产权资产支持专项计划（债务融资工具），意味着随着各地中试平台逐步启动运转，一系列以知识产权等"软"资产为支撑的传统融资产品都可进入中试融资体系。第三类则是传统金融中的中试信贷和中试保险，均于2024年下半年完成了全国首单产品的落地实践，意味着中试融资将加速迈进常态化、规范化、标准化时代。

46. 科技金融如何支持科技 成果产品化发展？

研发成果在结束概念验证、中试熟化后的下一步，是将成熟研发思路切实包装为具体产品，意味着创新活动完全进入后半程，即将与产业链接轨融通，常常涉及技术转移。因此相较融资需求，其风险管理需求反而更为突出，其中较为典型的就是技术转移过程中的专利信用风险。一方面指专利被许可方无法及时支付款项而给许可方造成的直接经济损失以及调查、法律费用，另一方面也指专利许可人隐瞒专利有效性、实用性、稳定性等问题而给被许可方带来的各方面损失。因此，成果产品化阶段，最主要的是通过金融管理风险的功能，最大限度缓解技术转移双方信用问题带来的不确定性。在这一方面，浙江省宁波市走在全国前列，于 2024 年 9 月推出了全国首款专利有效实施保险并完成落地。① 该保险将专利许可信用保险、专利被侵权保险、增值服务三者有机结合，与传统专利保险产品相比，具有专业性强、风险覆盖面广等优势，可提供专利许可费用保障和专利风险保障部分，并可为被保险人提供专利转化、国内外侵权规避、商业秘密保护等风险管理增值服务，助力科研主体与成果受让方强化风险意识，为未来可持续的技术转移合作奠定风控基础。

除此之外，产品化环节的融资需求均可通过传统融资产品及服务加以满足。一是本阶段或涉及主体转移或涉及企业创立，产品主体通常已有条件确认其"软"资产质押能力，并因大批量生产和待销售，拥有设备机械、应收账款、仓单提单等传统融资抵押物。二是本阶段作为政策关注和制度试验的重点，融资环境最为宽松灵活，金融机构放款投资既有创新人资产保证，还受财政资金奖补鼓励，有较强意愿与信心参与本阶段融资支持。

---

① 《宁波晚报》：《全国首单　宁波推出专利有效实施保险》，2024 年 9 月 11 日，见 http://scjgj.ningbo.gov.cn/art/2024/9/11/art_1229134854_58947572.html。

47. 科技金融如何助力企业 生产创新型产品？

创新活动进入产品生产阶段，意味着创新活动已经抵达终点，需要为最后的商业化运营阶段夯实产品生产基础。这要求企业前瞻精准把握市场需求，制定生产运营战略、高效配置资源，以最小的成本为未来市场开拓环节创造最大的利润空间。

首先，创新产品受市场供需动态变化、产品更新换代周期等因素影响，极易陷入库存积压困境，催生流动资金融资需求。基于信贷体系的单一性、成熟性与快捷性，商票、仓单、应收账款等抵质押信贷是企业补足流动性资金的主要工具，可以基于存货、订单的变现潜力，在短时间内将未来收益权提前转化为当下可支配资金。

同时，具有较强金融意识与操作能力的企业也可运用供应链金融和资产证券化等结构化金融工具前瞻完成资金流部署。其中，供应链金融尤其适用于新能源汽车产业等链条长、体系复杂、上下游企业规模与资金实力差异悬殊的新兴产业，可依托信用传递机制，将核心企业未来付款义务提前变现，解决中小型供应商、经销商贸易账期错配问题。资产证券化则尤其适用于高端新材料、低空经济等重资产运营且投资回报率高的新兴产业，可根据核心产品的未来现金流创造能力灵活融资。但在现实操作中，结构化金融工具对金融机构的业务能力及战略视野提出更高的要求，目前仍未完全发挥其融资潜能。

另外，由于生产节点相对远离市场一线，政策变化、经济周期性波动、市场技术突破和其他不可抗力因素均可能引致风险。此类风险在金融市场中出现已久，应对方式较为成熟，可运用传统金融手段加以对冲。如仓单保险可助力企业管理火灾、盗窃等突发事件风险，期货则可助力企业锁定材料成本价格、对冲市场价格风险，从而增强市场竞争韧性。

48. 科技金融如何助力企业开拓市场？

开拓市场则是创新产品回收研发成本、创造收益增量的最后一个环节，也是产业化流程的核心环节。这一环节可细分为两大节点，分别具有不同的核心风险和金融需求，通过对各类金融产品和服务进行结构化组合，从而最大化企业发展的金融赋能。

一是渠道开拓节点。创新产品相较传统产品，更加需要突破市场认知、触达目标客户。但因其前期研发成本高昂，众多企业尤其是初创型企业在此节点无力为继，且可能因创新主体研发属性过强的原因，难以准确完成市场定位和客群锁定。其融资需求实质是对金融机构资源网络及行业洞察的需求。具有市场枢纽与战略顾问属性的股权投资机构与此类需求最为匹配，不仅能直接提供长期耐心资本，更可凭借其行业经验与丰富资源助力企业完善营销策略、对接多元渠道，从而塑造独特竞争优势、尽快打开市场。而在风险管理需求层面，创新产品获客面临的最大风险即为产品试用风险，首台（套）重大技术装备综合保险、重点新材料首批次应用综合保险、首版次软件综合保险等科技保险产品集成了政策加持与专业能力支持，可为其应用推广提供有效风险保障。

二是品牌建设节点。因知识密集型，创新产品的技术标签能够天然标定其品牌特色，在品牌建设之路上起到事半功倍的作用。因此，本节点创新产品的融资需求远大于风险管理需求，融资路径也较为成熟。企业可凭借其丰富的抵质押物和稳固的资本合作关系获取各类资金支持，同时凭借其技术标签融入区域特色品牌矩阵从而争取政策倾斜。其中，已形成品牌基础的企业可通过商标权质押贷款、商标权资产证券化等方式拓宽融资渠道，完成品牌形象打造和初期资本积累的企业还可通过挂牌上市等路径募集巨额资金，实现品牌建设与多板块市场拓展的飞跃。

第二节　科技金融围绕企业全生命周期融资需求场景布局

49. 科技型企业的梯形融资模式是什么？

梯形融资模式是一种针对科技型企业的分阶段、多层次融

资模式。它根据科技型企业在种子期、初创期、成长期和成
熟期等不同发展阶段的特点，将融资渠道从内向外、从间接融
资到直接融资进行梯形排列。综合来看，科技型企业发展初期
多以内源性融资和政府扶持资金为主，随着企业的成长，逐步
引入股权投资、银行信贷，在成熟阶段利用资本市场上市融资
和债券发行等多种融资方式，并在衰退期利用兼并破产等机制
及时退出市场。这种模式构成一个梯形结构，底部是早期的
基础融资方式，随着企业发展逐步向上拓展更高级别的融资
渠道，各阶段的融资方式相互配合，为企业提供持续的资金
支持（见图 3-1）。

　　在我国，这种模式最早由成都高新区提出，在 2005 年率先

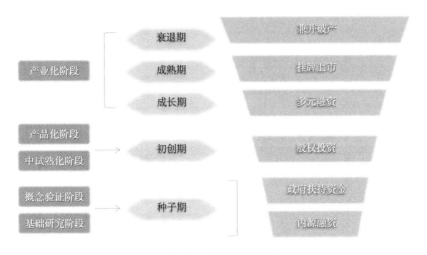

图 3-1　科技型企业梯形融资策略图示

付诸实践，对我国科技金融发展具有"里程碑"式意义。[①] 一方面，梯形融资模式使科技型企业能够根据自身发展阶段合理选择融资方式，避免过度依赖单一融资渠道。在企业发展早期，引入内源性融资和天使投资等非债资金，降低企业的负债率，使其专注于技术研发；随着企业进入成长期和扩张期，适当引入风险投资、私募股权投资和银行信贷，优化股权和债务结构；在成熟期，通过资本市场融资和债券发行，进一步调整企业的融资结构，使企业的资金来源更加多元化，降低财务风险。另一方面，这种模式充分考虑了科技型企业在不同阶段的风险特征和资金供给者的风险偏好，为科技型企业创立至壮大划定了清晰的融资路径，并为各类金融机构、投资人指明了入场节点，从而为科技型企业提供了持续的资金支持，保障了企业从创立到成熟的整个过程中的资金需求。

50. 科技金融对种子期科技型企业的 融资支持有哪些?

科技型企业的种子期，对应基础研究与概念验证阶段。本阶段企业主要进行新产品、新技术的基础发现研究，其科研成果未

---

① 中国政府网:《成都高新区梯形融资模式助破解中小企业融资困局》，2009 年 10 月 19 日，见 https://www.gov.cn/jrzg/2009-10/19/content_1442962.htm。

完成概念验证与中试熟化，未能形成真正意义上的产品和销售收入，且企业经济组织形态尚不完整，不确定因素较多、风险高。其资金需求主要体现为技术的研发投入（R&D），资金需求额相比创业期较小，融资渠道狭窄，只能依靠自有资金、天使投资、政府资金等资金来源。其中，政府发挥着关键作用，可以通过设立财政补助、政府引导基金、引导天使投资将资金投入有发展潜力、成长性较好的种子期企业。

具体来看，政府一是可以建立"科技创业天使计划"，鼓励种子期企业申报，组织专业投资机构进行评估，通过评估的项目给予财政资金资助；二是可以设立专项资金，或是通过直接投资、联合投资等股权投资形式支持种子期企业发展，或是与专业融资担保机构联合组建专业性担保公司，或是通过提供费用补贴等方式，引导融资担保机构提供担保服务；三是可以设立种子期基金，规定基金投资领域，鼓励社会资本参与基金，将基金交由基金管理机构管理，支持通过增资扩股、股权受让等方式投资种子期企业，定期考核基金管理机构的投资效益；四是可以建立风险补偿资金项目库，负责入库社会投资机构及其天使投资项目的日常监督管理服务，借政策力量引导社会资本加大对种子期科技型企业支持力度。

51. 科技金融对初创期科技型企业的融资支持有哪些？

科技型企业的初创期，对应中试熟化与产品化阶段。本阶段企业管理架构初步完善，但规模仍然较小，实物资产少，仅足以支持其产品落地，但较难得到市场的完全认可，产品整体产销量不大，单位制造成本较高，整体规模较小，设备比较简陋，具有较高市场风险。其资金需求主要体现在不断完善技术水平，采购先进设备，不断完善改进产品，为规模化生产做准备，资金需求额相比种子期大，除自有资金、政府资本外，还可通过知识产权质押、风险投资获取支持。

政府仍然在其融资中发挥重要作用。具体来看，一是建设科技金融信息平台，筛选优质企业并助其对接金融机构获取融资支持；二是发挥各类政府基金作用，引导社会创投风投机构在政府母基金框架下设立子基金；三是借政策之力，鼓励金融机构建立科技金融专营机构，建立完善与科技型中小企业初创期特点相适应的贷款评审、风险定价、尽职免责和奖惩制度，加大对初创期科技型企业的融资支持力度；四是采用财政资金补助方式，择优对初创期企业进行研发投入奖补；五是建立科技成果转化风险补偿机制，对为初创期科技型企业和高新技术成果产业化项目投资的创业投资机构采取后补助、风险补助等措施给予支持；六是完善企业和金融机构需求对接机制，建立企业知识产权投融资项目数据库和知识产权市场价值评估体系，引导企业加强知识产权组合运用，推动专利、商标等知识产权资产混合质押。

52. 科技金融对成长期科技型企业的融资支持有哪些？

科技型企业的成长期，对应产品产业化阶段。本阶段企业已拥有部分核心技术和主导产品，产品市场份额快速增长，产品改进和更新换代频繁，人才队伍不断壮大，风险相比前两个时期已经下降很多，主要表现为市场上同行竞争风险、企业自身的经营风险和市场环境变动带来的市场风险，资金需求主要体现在持续性研发投入和产品产业化方面，即扩大生产规模、建造厂房和大量生产线、招聘大量员工的流动资金需求。由于成长期企业已经完成初创期市场开拓，拥有了一定的现金流量和比较良好的经营业绩，传统的融资渠道也逐渐打通，能够获得一些以银行贷款为主的债务性融资，融资担保机构也愿意为其担保，还可以加强上下游行业伙伴的合作、探索供应链融资。另外，科技型企业在其成长期的后期，还可以进入门槛相对较低的新三板、科创板市场进行融资。这期间，金融机构的行动空间大大拓宽，可以起到更为积极的作用。

具体来看，一是银行可以定制推出"加速贷""创优贷"等产品，根据产业方向、研发投入及科研人员占比、项目技术评价、股权结构及资本认可程度、企业规模及产品市场前景五类指标对企业进行评分，灵活确定授信额度；二是优质券商可筛选一批符合产业政策、主业突出、科技含量高、成长性好、运作规范的科技型企业，建立挂牌上市培育库，加强科技创新型企业上市后备资源培育；三是各类机构可以联合建立政银保担、股贷债保等联动模式，广泛分险、增信、降本，最大化发挥金融联动融通的乘数效应。

53. 科技金融对成熟期科技型企业的融资支持有哪些？

科技型企业的成熟期，即企业已迈过高速成长阶段，开始持续稳定运营。此时，企业组织结构相对稳定，但随着原有的技术优势逐步丧失，成熟期的企业发展速度开始放缓，整个企业的业务水平及档次急需转变。本阶段的风险一方面体现在由中小型企业向大型企业转型所面临的风险，另一方面体现在科技成熟期的企业若不能抓住机遇进行技术创新，将面临着市场流失和走向衰退期的风险。该阶段企业融资方式较多，一方面可以通过银行贷款融资，另一方面也可以通过信用担保融资、发行债券等各类多元化的融资方式，或者进入更高层次的资本市场，如创业板和主板市场，发行股票进行融资。

具体来看，一是企业可以主动与银行金融机构合作，鼓励各家商业银行争规模、挤份额、抢进度，扩大对重点项目的信贷支持；二是企业可以对接证券公司和地方区域性股权市场，公开或定向发行科创债、科创票据，扩大直接融资规模；三是企业可以主动融入地方政府科技型企业上市后备资源库建设，申请上市辅导，着力进行股份制改造、建立现代企业制度，逐步实现在境内外证券交易市场上市或挂牌；四是已上市的企业可以系统提升运用资本市场的意识和能力，通过再融资、兼并重组等活动进一步做大做强。

54. 科技金融对衰退期科技型企业的融资支持有哪些？

科技型企业的衰退期，通常指企业长期持续无力创新或无力追赶技术前沿的发展阶段。此时，企业后续发展动力衰减、产品市场份额不断缩减、现金流量不断减少，企业资金周转发生困难，债务风险较大，融资能力下降，企业面临退出市场的风险。为此，企业应当采取防御型融资策略，一方面可以加强技术改造与升级，采用创新技术和工艺设备调整优化产业和产品结构，加快企业转型升级；另一方面，也可以考虑被大型企业兼并收购或者破产重组。因此，政府等监管部门有必要加强介入，确保企业安全转型或退出市场。

具体来看，一是企业应当积极利用产权交易所、租赁、资产证券化等方式，灵活盘活有效资产，用于清偿债务；二是监管部门应当对债务处置不到位资产负债水平持续超出合理水平且按时偿付到期债务有困难的企业，严格展期续贷、借新还旧、关联企业担保贷款等业务的实施条件，禁止给予金融机构特殊监管政策支持，并对操作不规范的金融机构实施必要的惩戒；三是金融机构应当加大对兼并重组的支持力度，在依法合规和风险可控的前提下提供发放并购贷款，支持符合条件的企业发行并购票据和引入并购基金。

第三节　科技金融围绕实体经济发展场景布局

55. 科技金融如何支持传统企业创新升级？

传统企业是经济的重要根基，指在工业经济时代成长起来的、生产经营模式成熟并相对固定、在技术应用上较为滞后的企业，多出现在工业制造业板块，如黑色金属、化石燃料、机械加工、食品生产等板块，是我国经济规模、地方税收以及绝大多数工业制成品的核心贡献主体，地位举足轻重。但从发展态势上看，这些企业或是处于发展成熟期，或是已经步入衰退期，不仅内部动能不足，还受到外部国际贸易摩擦、成本结构性变化、市场消费需求升级等因素影响。因此，如何支持这类传统企业创新升级，是金融支持科技创新的一大课题。

具体来看，传统企业创新首先受到四方面因素制约。一是由于僵化经营思维和发展惯性，传统企业"路径依赖"特征显著，对新兴技术趋势、市场动态变化研判不足，较难把握创新转型方向。二是受到固定经营模式和成本—收益结构恶化影响，许多传统企业可支配资金不足，较难实现足额科研投入。三是基于企业规模基础和沉没成本考量，传统企业创新升级必然是长期且波动发展的过程，"船大难掉头"的特点突出。四是受创新资源和技术储备影响，传统企业多数面临内部创新无力、外部创新资源吸引力乏力的困境。

但同时，传统企业创新也具有三方面利好条件。一是传统企业多具有重资产特征，抵质押物充足，在传统信贷方面拥有更广阔的操作空间。二是传统企业市场经验和信用记录丰富，产业链集聚特征显著，除信贷支持外还能够综合应用债券、股权、供应链融资等多种直接融资工具与模式。三是传统企业转型是各类政策关注的重点，政策工具丰富且支持力度大，金融机构受政策激励奖补，能够有效降低传统企业创新的融资压力。

由此可见，传统企业创新升级与科技型企业成长具有共性，均具有短期流动资金＋长期耐心资本的结构性需求。但不同的是，传统企业的创新多为"外源性创新"，较科技型企业更加需要创新资源的导入和行业创新思维的灌输。因此，在创新转型过程中，传统企业强化既有资源转化运用能力以及科技金融构建多元支撑体系必须"双轨并行"，方能取得切实效益。

在资金供给维度，除借力科技创新和技术改造再贷款等一揽子增量政策机遇、夯实常规银行信贷支持外，传统企业应当首先强化金融意识，利用好债券市场、股票市场的渠道优势，借助发行债券、参与股权融资与证券公司、投资银行、信用评级机构等建立联系，提升产业资本的对接效率。其次，还有必要积极对接融入政府产业基金、私募股权投资等长期资本项目，从而凭投资方对行业的深度洞察，精准锚定转型潜力点并吸引战略投资者，获取资金和知识的双向支持。另外，在资源渠道方面，有必要充分发挥金融服务的资源属性，既可由政府部门依托其公权力优势，牵头金融机构、高校及科研院所设立专项合作项目，为传统企业对接前沿科研成果创造条件；也可由金融机构联合专业培训机构、行业协会开展定制化培训课程与研讨会，邀请专家学者、成功转型企业家分享经验，剖析数字化转型、绿色创新等前沿理念与实战案例，从而为传统企业全方位渗透创新意识，充分激活科技金融赋能传统企业创新升级的乘数效应。

56. 科技金融在支持企业国际化发展方面有哪些方向？

科技型企业国际化发展，不仅对企业成长壮大具有战略性价值，更对国家经济社会长远发展具有重要意义。一方面，从行业发展阶段和资源配置的角度，生物医药、新兴材料等前沿领域的发展仍然无法脱离西方国家基础研究的"风向标"，企业争取科技创新前沿位置，有必要前瞻性关注、跟随、介入国际研发格局。另一方面，单一市场具有片面性、有限性，通过国际化发展，不仅能够为企业创新拓宽应用场景、丰富应用样本，还可以尽早切入市场一线，为企业铸造创新主动权开拓机遇。同时，通过制度创设，吸引更多的国际投资人进入我国创新领域，不仅能够为尚不具备"出海"布局条件的初创期、成长期科技型企业引入高质量资本，还可以为其提供接触国际一线行业资源的机会，拓宽企业视野、拔高战略高度。基于此，我国大力支持企业国际化创新发展，明确提出，要"将更多科技型企业纳入跨境融资便利化试点，引导境外高质量资本投向境内高新技术行业"[1]，为科技型企业国际化发展夯实了多方面金融支持。其中，跨境信贷、跨境贸易融资、国际资本市场是目前金融支持企业国际化发展的

---

[1]　资料来源：国家外汇管理局：《2025 年全国外汇管理工作会议在京召开》，见 http://www.safe.gov.cn/safe/2025/0104/25618.html。

主要方向。

一是跨境信贷，包含商业银行和政策性银行两类机构。银行方面，国际化发展是银行授信决策的重要依据，在各类科技信贷产品的基础上，银行通常会为国际化发展，尤其是进行海外投资和并购的企业提供较大数额、较长期限贷款支持。政策性银行方面则会重点支持在共建"一带一路"国家等合作区域布局业务的科技型企业，帮助企业进行先进技术与生产模式的国际输出。另外，科技型企业布局大型跨国并购项目还可申请由境内外多家银行（包含政策性银行）或金融机构共同组成的银团贷款，满足大体量资金需求。

二是跨境贸易融资工具，包含银行、出口信用保险公司、国际保理等主体，涵盖出口信贷和国际保理两类核心业态。出口信贷由出口信用保险公司联合银行承办，为科技产品出口企业提供信用保险支持下的贷款。可在企业面临海外买家拖欠货款、拒收货物等商业风险，或因进口国政治动荡、政策变动引发的收汇风险时，为企业保障资金链稳定。国际保理则由保理商买断科技型企业的出口应收账款，提前支付大部分款项，可加速企业资金周转，让企业迅速回笼资金投入新技术研发或下一轮生产。

三是国际资本市场融资路径，主要包含企业海外上市、跨境投资两大形式。境外上市即指科技型企业选择在美国纳斯达克交易所、英国伦敦交易所、香港联交所等境外交易所上市。这些交易所通常对互联网科技、人工智能等前沿领域企业给予较高估值容忍度，香港联合交易所等还兼顾内地企业特色与国际资本市场规范，允许未盈利生物科技公司、同股不同权架构企业上市，不仅能够提供关键的国际资本与产业资源对接机会，助力企业快速募得大量资金，还可凭借严格的监管要求倒逼企业提升技术可靠性、保障产品质量，赢得国际消费者信任，加速全球市场渗透。跨境投资则主要包含风险投资与私募股权投资（即 VC、PE）两类机构，如红杉资本、高盛投资等，常凭借其专业行业洞察、丰富国际资源，为国内种子期、初创期科技型企业提供创业支持，并在企业进入稳步发展阶段后，协助其制定国际化发展战略、搭建国际化团队，以跨领域投资、联合投资、多轮次注资等多种形式助力企业突破发展瓶颈，向国际知名科技"独角兽"跃升发展。

57. 科技金融在支持中小企业供应链管理方面有哪些典型模式？

科技金融为中小企业提供了多种融资渠道。与传统金融相比，除了常规的银行贷款，还包括供应链金融平台的应收账款质押融资、预付款融资、信用贷款融资等多种模式，可以简要理解为各类科技金融产品与服务的结构化运用，是科技金融联动应用的一大范例。

具体来看，这一工具在实践中有三种典型模式。

一是应收账款融资模式，主要以应收账款作为质押物或转让对象。即供应商将其对核心企业的应收账款转让给金融机构或以此为质押获取资金，可以使供应商快速获得资金，用于购买原材料和设备，保障生产的连续性，有助于稳定产业链上下游企业之间的合作关系，加强产业集群内的供应稳定性，促进集群化发展。同时，资金的及时补充也使得企业有能力承接更多订单，沿着产业链拓展业务，推动链条化发展。

二是预付款融资模式，主要用于解决产业链供应链下游企业在采购环节的资金短缺问题。即下游企业在支付一定比例的预付款后，将其提货权质押给金融机构，并由金融机构为其提供剩余采购资金的模式，涉及核心企业、下游企业和金融机构之间的多方合作，核心企业在其中起到担保或承诺交货的关键作用。这一模式以预付款融资的形式提前锁定货源，有助于扩大核心产品的市场销售范围，提高产品的流通速度，同时加强产业链上下游企业之间的资金和货物往来的协同性，进而带动整个产业集群的健康发展。

三是信用贷款融资模式，主要基于供应链整体信用状况，特别是核心企业信用情况。即金融机构综合评估供应链中企业之间的交易记录、合作稳定性等因素来发放贷款，贷款额度和利率通常与供应链的信用等级相关。其中，配套企业可凭借与核心企业良好的合作关系和供应链整体的信用优势获得信用贷款，能够为企业提供稳定的资金来源，持续助力技术创新和设备升级，鼓励企业提升自身在供应链中的信用表现，进而促进整个产业链信用环境的优化，推动产业集群和产业链的可持续发展。

58. 科技金融在支持创新型产业园区发展中有哪些举措？

创新型产业园区是推动科技创新和实体经济深度融合的重要载体，通过聚集创新要素，促进企业、科研机构、资本和人才的协同发展，成为区域经济增长的重要引擎。科技金融在推动创新型产业园区建设和发展的过程中，起到了关键的资金支持和服务保障作用。

一是促进园区产业集群发展，科技金融可以助力园区设立针对人工智能、生物医药、新能源等战略性新兴产业的专项产业基金，由政府、金融机构、园区内的龙头企业等多方共同出资，既可以投资本土企业，也可以加速园区招商引资。

二是搭建科技金融服务平台，整合园区内的技术交易、知识产权评估、法律咨询等多种服务。武汉东湖新技术开发区的科技金融平台，不仅为企业提供融资对接服务，还能帮助企业进行技术成果转化。企业可以在平台上发布技术需求或成果，寻找合作伙伴，同时获取知识产权保护和金融支持等一站式服务，营造了良好的创新生态环境。

三是支持智慧园区建设融资，包括园区的 5G 网络、物联网平台、大数据中心等信息化基础设施。金融机构可以通过项目融资、银团贷款等方式，为园区提供建设资金，提升园区的智慧化和数字化发展，推动企业的数字化转型。

四是助力园区公共服务设施融资。对于园区的公共服务设施，如科技孵化器、加速器、人才公寓等，科技金融也能发挥作用。以科技孵化器为例，金融机构可以通过融资租赁的方式，为园区提供孵化器内的实验设备、办公家具等设施。同时，在人才公寓建设方面，可以采用公募 REITs 等方式进行融资，为园区吸引和留住人才提供保障。

59. 科技金融在支持地方经济发展中发挥了哪些作用？

科技金融在支持地方经济发展中，扮演着"资本引擎、风险分担、资源配置、创新孵化"的关键角色，推动地方经济向创新驱动型、高质量发展转型。

一是推动地方产业转型升级的资本引擎作用。科技金融通过资本驱动，为地方新兴产业、科技企业、创新项目提供多样化的融资支持，推动地方经济从传统产业向高技术含量、高附加值的现代产业转型。

　　二是缓解科技企业融资难题的风险分担作用。地方科技企业通常面临融资难、融资贵的问题，尤其是初创企业和中小型科技企业缺乏抵押物，传统银行贷款难以覆盖其资金需求，科技金融通过创新金融工具分担风险，为科技企业提供更高效的融资服务。

　　三是优化地方创新资源要素的资源配置作用。科技金融在推动地方经济发展过程中，扮演着资源配置者的角色，通过整合科技、人才、资本等创新要素，支持高校、科研机构与地方企业的合作，推动科技成果的产业化应用，提升地方经济的技术含量。

　　四是培育地方经济新动能的创新孵化作用。科技金融通过支持科技孵化器、创业园区、创新平台等载体，推动地方创新创业生态的构建，形成从研发到产业化的完整生态链，培育地方经济新的增长点。

60. 科技金融提质增效应当构建怎样的新型基础设施体系？

　　科技金融作为支持科技创新的前沿金融形态，对各类基础技术和设施体系有着极高要求，基础设施的完备程度与优化水平直接关系到科技金融的运转质效。目前，根据科技金融精细化、专业化的发展趋势，以下五类基础设施需求正日益涌现，成为未来推动科技金融更好地服务高质量发展的关键。

　　一是数据类基础设施，是科技金融精准服务的中枢。随着科技金融服务对象日益多元化，从初创型科技企业到成熟的高新技术集团，不同主体的数据呈现出海量、异构等特征，要求金融数据中心不仅要有强大的存储容量，更要具备灵活的数据整合与运算能力，确保数据的一致性与可用性。同时，数据安全基础设施的需求正加速显现，有必要紧跟技术迭代步伐，应对如量子计算等新技术可能带来的数据破解风险，持续升级加密算法与访问控制机制，保障数据全生命周期安全，让数据在流动与共享中不丧失其保密性与完整性。

　　二是网络类基础设施，是科技金融普惠拓展的引擎。依托高可靠冗余网络架构，此类设施需以打破地域与场景限制作为核心发展方向。一方面，网络基建要继续向偏远地区及基层金融服务网点延伸，确保 5G 等高速网络覆盖无死角，为科技金融随产业梯次转移而触达覆盖全国各地，最大限度为未来创新需求做好联通保障。另一方面，以物联网为代表的新型网络基建，需要继续拓展应用服务领域。如与更多传感器类型融合、实现对供应链全流程更精细化的监测，从而确保金融机构更为全面地获取全链条信息资源，降低信息不对称风险，为科技金融提供更坚实的决策基础。

　　三是算力类基础设施，是科技金融智能精算的保障。面对科技金融业务不断涌现的复杂模型与高频实时计算需求，算力中心要向更具弹性、更加智能的方向发展，不仅有必要强化其根据业务峰谷自动调配算力资源的能力，还应集成更多人工智能算法库，便于金融机构快速调用，加速风险定价、投资策略制定等精算过程。同时，应继续探索先进高效的算力体系，推动边缘计算与云计算紧密协同，将金融决策逐步前移到数据源头环节，在传感器、路由器、智能手机等数据收集的一线率先完成数据一级筛选和清理，减轻云端压力，降低精算资源消耗。

四是技术类基础设施，是科技金融质量管控的基石。其中，人工智能、区块链等金融科技技术平台应持续深化行业知识融合。在信贷领域，除了依据财务数据判断风险，还要结合科技行业动态、政策导向等外部因素，利用深度学习模型预测企业未来发展轨迹，提前识别潜在违约风险；在投资领域，通过强化多模态数据处理能力，综合分析文本、图像、视频等信息源，挖掘优质投资标的。区块链平台要在跨链互信、性能优化方面取得突破，实现不同金融机构、不同业务场景下区块链应用的互联互通，提升交易处理速度，降低交易成本，为科技金融资产交易、跨境业务等提供更可靠、高效的技术支撑，确保金融业务质量稳定可控。

五是监管类基础设施，是科技金融安全发展的护盾。随着科技金融跨境业务增多，不同国家和地区的金融科技产品与服务相互渗透，建立标准统一的金融安全监测设施至关重要，从而最大限度避免因标准差异导致监管套利或安全漏洞。同时，金融监管平台要借助大数据、人工智能，逐步实现从被动监管向主动防御转变，通过实时监测金融市场舆情、资金流向异常波动等风险信号，提前介入干预，防止局部风险演变为系统性危机，护航科技金融在复杂多变的市场环境中稳健前行。

➤ 创新案例

➤ 合肥科技成果转化持股平台：破解高校院所持股障碍，铺平成果转化新坦途

随着科技创新浪潮的澎湃涌起，职务科技成果转化成为推动产业升级的关键力量。然而，在实践过程中，高校院所面临着无法持有或难以长期持有成果转化新设企业股权的困境，这一瓶颈严重制约了科技成果向现实生产力的转化速度与质量。2024年5月8日，合肥科创集团建立合肥市科技成果转化持股平台，旨在运用市场化手段打通成果转化通道，破解高校院所持股难题。①

该平台是中国（安徽）自由贸易试验区合肥片区制度创新改革的重点试点任务之一，由中共合肥市委科技创新委员会作为监管方、合肥市科技局作为行业指导机构、合肥市科创集团作为运营主力，面向合肥市"6+5+X"产业集群创新方向，主动介入购买职务科技成果转化过程中高校院所不便持有或无法长期持有的股权片段，从而有效填补股权空白，加速高校院所科技成果转化。

---

① 李洋：《破解高校院所"处置关联交易之困"与"未来收益分享之难"——合肥科技成果转化持股平台新探索》，《中国高新技术产业导报》2024年6月3日。

具体来看，该平台主要通过两大模式实现支持。一是初创入股模式，即平台作为初创企业的原始股东，对待购买项目进行细致遴选和前期尽调，在入选技术团队配合院校完成知识产权作价入股程序的同时同步决策审批合作方案，随后出资购买高校院所股权，双方以知识产权作价入股成立科技成果转化公司。二是增资扩股模式，即对于已有一定基础的企业，平台通过摸排尽调、决策审批等前期环节，与技术团队实缴出资至新设企业，由企业购买高校院所知识产权，完成产权变更，同时技术团队依据协议获取现金奖励并按需实缴出资，达成企业股权结构优化与资金注入的双重目标。

这一模式成功打破了高校院所科技成果转化的股权枷锁，为全国科技成果转化机制创新提供了极具价值的合肥方案，有望持续催生更多高质量科技型企业，助力合肥乃至全国的科技产业腾飞。

➤ **成都高新区：搭建"梯形融资"体系，精准服务科技型小微企业发展进阶**

作为四川省、成都市创新发展的前沿阵地，成都高新区紧紧围绕国家创新发展战略，立足区域实际，持续发力制度创新与机制体制改革，积极探索科技金融创新路径，搭建起独具特色的"梯形融资"体系，打造了差异化的债权产品生态链，为科技型小微企业蓬勃发展注入了强劲动力。

一是秉持"政府引导、市场运作、政策支撑"理念，打造

"统借统还""成长贷"等系统化金融服务方案。这一方案始于2005年成都高新区与国家开发银行合作推出的"统借统还"债权融资产品，由国家开发银行统一对盈创动力平台授信放贷，平台再委托贷款给申贷企业，打捆担保简化审核，大幅降低企业融资成本。"成长贷"则是"统借统还"的升级版，通过降低抵押物要求，以个人连带责任、订单等多元形式作为反担保物，实现全流程实物资产要求占比少于50%，精准破解轻资产科技型企业融资难题。目前，成长贷已经实现了8倍放大的金融杠杆倍数，已累计助70家小微企业获贷超2亿元。

二是精准定位省市资金，联合多部门于2024年6月推出"壮大贷"。市、区两级政府与担保机构等额出资2000万元共建首期6000万元风险资金池，引导银行10倍放大，授信总规模达6亿元。单户最高可贷3000万元，反担保物多样，允许"借新还旧"，有效满足成长期企业高贷款需求，放大财政资金杠杆效应。此外，获批示范区后，"高新创业贷""助保贷""科技通"等创新产品相继问世。"高新创业贷"为小微创业企业提供最高1000万元、5年期类信用贷款，填补市场空白；"助保贷"以企业互助互担、财政出资助保为特色，降成本、简手续；"科技通"可以纯信用或知识产权质押，实现去担保化，由政府风险补偿金引导银行共担风险，为企业提供低成本融资路径。

三是深刻研判小微企业信息不对称风险根源，精准构建"一库一池一办一会"的"四个一"四层风险缓释机制。其中，

"一库"即小微企业培育库，由地方政府精心搭建，一方面打破企业与金融机构信息壁垒，另一方面为资本市场输送潜力企业；"一池"为风险分担资金池，政府出资，携手银行、担保公司共建，银行依池额度放大倍数放贷，提高财政资金杠杆率，分担金融机构风险；"一办"是由多部门联合组建的管理办公室，实现贷款审批联动，提升企业贷款申请效率；"一会"为项目专家评议会，针对创新型科技中小企业贷款申请，金融办组织专家从技术、市场、信用等维度评估，为金融机构决策提供关键依据。有效嫁接融资企业与贷款银行，实现企业"四重贷款增信"与银行"四重风险缓释"，极大缓解区内科技型中小微企业融资难题。

➤ 上海技术交易所：探索"科技成果＋认股权"技术资产证券化新模式，有效推动资本与技术要素链接融合

为突破传统技术转化与资本对接瓶颈，进一步挖掘技术资产潜力，上海技术交易所（以下简称"上技所"）联合上海股权托管交易中心于2024年联合开发了"科技成果＋认股权"产品，创新性地将科技成果交易与认股权有机融合，开创了技术资产证券化的全新范式，在近期首次挂牌交易中实现了双方明确许可对价为"40万元＋被许可方认股权"的突破性成果。[1]

---

[1] 上海市地方金融监督管理局：《认股权新模式频出！"科技成果＋认股权"创新产品发布推动技术与资本要素融合》，2024年9月12日，见 https://jrj.sh.gov.cn/SC212/20240912/b54e264fa4c34bb986641db842c36cbf.html。

具体来看，认股权是指在特定的交易安排下，赋予持有者在未来一定时期内，按照预先约定的条件（如价格、数量等）认购公司股权的权利，其本质是一种期权，是赋予职务发明人、高校院所等创新主体的潜在的权益凭证。即在科技成果转化场景中，职务发明人可以凭借认股权在未来公司股权结构调整或融资过程中，以事先确定的条件获得公司股权，从而分享公司成长带来的利益。上技所从这一工具结构出发，力图构建体系—服务双轮驱动。在体系上，构建全面的技术孵化联动体系，一方面着力构建完备的金融孵化体系，通过认股权设置，为科技成果转化初期提供资金支持的潜在投资方预留成长红利空间，吸引社会资本踊跃入场；另一方面，随着成果转化进程推进，股权融资渠道顺势打通，为承载科技成果的企业持续注入发展资金，保障项目茁壮成长。在服务上，与上海股权托管交易中心紧密协作，深度研习科技成果与认股权的合规交易路径，精细整合双方业务流程与材料要求，大力打造一站式服务模式，为参与技术交易的各类主体提供高效、便捷、透明的服务模式，有效降低沟通成本与时间成本，消除技术交易中的诸多"堵点""痛点"，显著提升市场活跃度与交易成功率。

基于此，"科技成果＋认股权"模式首先打破了传统成果转化收益分配局限，让职务发明人得以深度参与科技成果后端收益分配。为职务发明人开辟全新收益路径，赋予其未来以优惠价格购入公司股权的权利。使其在科技成果转化进程中有了更多话语权与掌控力，从单纯的技术创造者转变为成果转化参与者、受益者，全方位提升个人价值实现空间。同时，也赋予职务发明人更多选择空间，若技术转化遇阻，市场接收不佳，发明人可自主选择不行使认股权，有效规避潜在损失，解除后顾之忧，全身心投入科研探索。

其次，这一模式相较于传统作价入股模式，在转化环节巧妙规避股权变动难题，大幅精简审批流程。高校院所无须在冗长的股权变更手续上耗费大量精力，得以将更多时间、资源聚焦于科研创新与成果推广，加速科技成果走向市场的步伐，实现科研价值最大化。

再次，这一模式能够有效推动科技型企业的培育发展，既充当"黏合剂"，深度链接高校院所与企业合作关系，也为公司后续融资发展拓展新维度，凭借其独特的资金缓冲特性，有效降低融资成本，助力公司将股权稀释压力后置，为公司发展提供更充裕资金保障，助力企业稳健成长。

最后，这一模式同样有助于金融机构风险分散和收益提升，使其在向企业提供信贷、担保、租赁等金融服务的同时拥有未来认购企业股权的选择权，从而助力金融机构有效对冲债权风险，以企业成长溢价弥补资金风险敞口，在助力企业成长同时实现自身收益提升，达成银企双赢，为金融支持科技创新注入新活力。

> ➤ 招商科创孵化器 REITs：畅通孵化平台退出新路径，打造可持续科创资本循环

2024 年 9 月 14 日，中国证监会批复准予招商科创孵化器封闭式基础设施证券投资基金注册。该项目作为全国首单科创主题公募 REITs，同时也是首单原始权益人为国家级科技型企业孵化器且底层资产均聚焦科技型企业孵化器所需物理空间的公募 REITs 项目，开启了孵化器行业借助资本市场迈向高质量发展的全新征程。[①]

作为项目发起人和原始权益人的上海杨浦科技创业中心有限公司（以下简称"杨创"），是国内首家在高新区外和高校周边设立的科技型企业孵化器，杨创以植入质量因子的"孵化服务九宫格模式"而闻名，开创了我国科技型企业孵化器五大发展模式之"杨浦模式"，并于 2016 年荣获我国质量奖提名奖，成为孵化器行业获此殊荣的先锋企业，为行业树立了标杆。

在探索过程中，基于多年运营积累的数据与经验，杨创首先联合专业第三方评估机构，对旗下运营的多处科技型企业孵化器物理空间资产展开深度剖析。从资产地理位置优越性，如临近高校、科研机构带来的人才与技术溢出效应；建筑设施功能性，是否满足不同阶段科创企业的研发、办公、实验需求；

---

① 杨浦科技创业中心：《全国首单科创主题公募 REITs 项目：建设新质生产力要求下的高质量孵化新范式》，2024 年 9 月 14 日，见 https://www.ypbase.com/archives/8057。

租约稳定性，考量入驻企业发展前景与续租意愿等多维度综合评估。筛选出一批核心资产，涵盖适配初创企业的灵活办公空间、满足成长型企业进阶需求的中试车间等，打包构建成具备协同效应的底层资产池，确保资产的多样性与互补性，为后续项目运作筑牢根基。随后，杨创引入招商基金作为公募基金管理人，协同实力雄厚的资产托管银行以及具备丰富科技园区运营经验的管理团队，搭建起"公募基金—资产支持证券—项目公司—底层资产"的严密组织架构。公募基金面向广大投资者公开募集资金，所筹资金精准对接资产支持证券，穿透各层级后，由项目公司实际掌控底层孵化器资产，保障资金流向与资产运营管理的精准与高效。紧接着，各参与方聘用专业的法律、财务、评估中介团队，开启全方位尽职调查，并严格遵循证监会监管流程提交申报材料，获批后立即启动公开发行程序。通过线上路演平台、线下投资者推介会等多元渠道，向机构投资者、个人投资者全方位展示项目优势与投资前景，成功吸引海量资金认购。最终在证券交易所挂牌上市，开启二级市场活跃交易新局面，标志着项目从筹备迈向成熟运营。

从成果上看，该模式打破了传统公募 REITs 以交通、能源等传统基础设施为主的格局，开创性聚焦科创主题，将目光锁定科技型企业孵化器这一新兴领域的物理空间资产，为科技型重资产项目的盘活利用和未来退出畅通了路径，构建起了独特的"投资—运营—融资"良性循环生态。一方面，通过专业运营团队为入驻科创企业提供涵盖技术对接、市场拓展、人才培育等全链条孵化服务，提升资产吸引力与入驻率，保障稳定租金收益；另一方面，借助公募REITs上市通道，实现资产证券化，快速回笼资金，反哺新一轮投资建设，形成运营与资本的紧密协同、双向赋能。同时，该模式在以土地、建筑为核心的传统底层资产基础上，借运营力量加载技术、数据、知识等新型生产要素，让孵化器从单纯的物理空间提供者跃升为科技创新生态的营造者，有助于破除孵化器"地产化"的发展窘境，激活科技孵化器的多元价值创造能力。最后，该模式通过公开上市回笼资金，能够填补政府补贴、风险投资阶段性退出后的项目资金缺口，吸引社会闲散资金精准投向科技型企业孵化前沿阵地，改变以往科创孵化资金短、散、少的困境，构建起政府、社会资本、资本市场协同发力的多层次资本供给生态，形成"资产盘活—企业集聚—产业升级"的良性循环，推动孵化器行业迭代进化，夯实科技创新的物理空间根基。

第四章

科技金融的政策体系与风险管理

科技金融的政策体系与风险管理是确保其健康发展的基石，本章将详细探讨我国科技金融的发展脉络、区域政策特色，并对国家级科技金融试点、科创金融改革试验区、创新积分制等创新政策加以分析，探讨其对科技金融发展的影响。同时，我们也将深入剖析科技金融领域面临的主要风险，介绍科技金融的标准体系、统计制度、风险评估方法、控制措施、分担机制、补偿机制和预警机制，以及风险管理案例和效果，为科技金融的稳健发展提供参考。

第一节 科技金融政策发展脉络与创新

61. 我国科技金融的政策发展历史 可以分为哪些阶段？

回顾历史，我国的科技金融政策发展大致经历了探索起步阶段、规范发展阶段、深化改革阶段和创新融合阶段（见表4-1），从政府主导到市场主导，再到政策创新和全球化发展，反映了我国从传统金融向支持科技创新和产业升级的现代金融体系转型的过程。

表4-1 科技金融政策发展阶段与特点

阶段	主要特点	代表政策或事件
探索起步阶段（1980—2005年）	科技金融理念萌芽，主要依赖政府资助	1985年《中共中央关于科学技术体制改革的决定》发布
规范发展阶段（2006—2012年）	资本市场初步形成，多层次融资渠道	2006年《国家中长期科学和技术发展规划纲要（2006—2020年）》发布

续表

阶段	主要特点	代表政策或事件
深化改革阶段（2013—2020年）	注册制改革，市场化融资工具丰富	2013年《国务院办公厅关于金融支持经济结构调整和转型升级的指导意见》发布
创新融合阶段（2021年至今）	科技、产业、金融良性循环，向国际化推进	2021年"十四五"规划发布，提出"支持北京、上海、粤港澳大湾区形成科技创新中心"

在探索起步阶段，我国开始推动经济体制改革和对外开放，科技创新被视为经济发展的重要驱动力。当时的金融体系以国有银行为主，市场化程度低，对科技企业的支持力度不足。1985年《中共中央关于科学技术体制改革的决定》首次提出"科技与经济结合"的理念；同年，中国人民银行、国务院科技领导小组办公室发布《关于积极开展科技信贷的联合通知》，以政策引导科技金融发展的模式就此开启。1987年国家设立了科技型中小企业贷款试点，推动金融机构向科技企业提供贷款。1990年上海证券交易所和深圳证券交易所成立，为科技企业融资提供了新的渠道。这一阶段初步探索科技与金融结合的模式，但主要集中于贷款和政府资助，缺乏市场化手段。

在规范发展阶段，我国进入了经济快速发展阶段，互联网技术、新能源、生物医药等新兴产业开始崛起，2006年国务院发布的《国家中长期科学和技术发展规划纲要（2006—2020年）》中，已初步构建了相对完备的科技金融政策体系与工作机制；2009年创业板市场在深圳证券交易所正式推出，为科技企业提供了新的融资平台。这一阶段科技金融政策逐渐制度化和规范化，多层次资本市场逐步形成，包括主板、中小板、创业板等，为不同发展阶段的科技企业提供融资支持。

在深化改革阶段，随着创新驱动发展战略的提出，科技创新被提升为国家发展战略的核心，传统的银行信贷已无法满足科技企业的融资需求，资本市场改革成为重点。2013 年《国务院办公厅关于金融支持经济结构调整和转型升级的指导意见》提出"建立多元化科技金融服务体系"；2019 年科创板在上海证券交易所设立，并试点注册制改革，为高新技术企业提供直接融资渠道。这一阶段资本市场改革成为科技金融政策的核心，推动了市场化融资渠道的发展，风险投资、私募基金等创新金融工具快速发展，支持科技企业从早期到成熟阶段的全周期融资。

在创新融合阶段，新一轮科技革命和产业变革正在重塑全球经济格局，我国进入高质量发展阶段。

科技金融、数字经济、绿色金融、普惠金融、养老金融等新模式与产业和技术的联系日趋紧密。2021 年我国"十四五"规划发布，提出"支持北京、上海、粤港澳大湾区形成科技创新中心"，进一步推动科技金融区域化发展；2024 年《关于扎实做好科技金融大文章的工作方案》《关于做好重点地区科技金融服务的通知》等政策陆续发布，标志着科技金融政策进入了深化实施与区域协同的新阶段。至此，经历了多年探索之后，现有的科技金融政策已经实现广泛覆盖，包括信贷、债券、股票、保险、创业投资、融资担保在内的科技金融促进政策，体现在各类专项政策与综合政策之中。这一阶段政策创新和区域化发展成为重要趋势，创新融合发展和国际化步伐加快，推动我国科技企业和金融机构融入全球市场。

62.2023 年中央金融工作会议后我国出台了哪些重要的科技金融政策？

2024 年以来，以"构建同科技创新相适应的科技金融体制"为引领，各部门陆续出台了系列文件，强化了对科技金融的解读和政策支持（见表 4-2）。系列文件的出台表明科技金融正朝着政策体系完善、全生命周期服务、资本市场助力、创业投资活跃、长期资金引导、试点范围扩大以及区域协同创新等多维度趋势发展，旨在通过全方位、多层次的金融支持，构建更加完善的科技金融生态体系，为科技创新企业提供稳定、长期、多元的资金保障，推动科技成果转化和产业升级，助力经济高质量发展。

整体来看，政策体系完善趋势体现在国家对科技金融顶层设计的加强和政策框架的完善，为科技金融发展提供明确的政策指引。相较于单一产品和服务创新，科技金融政策更加强调全生命周期金融服务，鼓励金融机构为科技型企业提供从种子期到成熟期的全方位、多层次金融服务，以满足其不同发展阶段的资金需求。同时，更加强调发挥多层次资本市场的合力作用，通过上市融资、并购重组、债券发行和私募投资等手段，全方位支持科技企业的发展。此外，创业投资作为科技创新的重要支持力量，其发展环境得到政策的大力扶持和优化，同时引导中长期资金和耐心资本入市在政策文件中多次提及，为科技企业提供稳定和长期的资金支持成为重要的政策方向。政策既强调试点范围稳步扩大，为更多地区的科技创新企业提供资金支持，同时也强调区域间的协同创新和特色发展，推动重点地区探索科技金融新模式，构建适应科技创新的科技金融体制，发挥引领示范作用。

表 4-2　2024 年以来我国科技金融领域重点政策

序号	政策名称	发布时间	发布单位	主要内容
1	《关于加强科技型企业全生命周期金融服务的通知》	2024 年 1 月 5 日	国家金融监督管理总局	推动银行业保险业进一步加强科技型企业全生命周期金融服务
2	《资本市场服务科技企业高水平发展的十六项措施》	2024 年 4 月 20 日	中国证监会	健全资本市场功能，优化资源配置，更大力度支持科技企业高水平发展

续表

序号	政策名称	发布时间	发布单位	主要内容
3	《关于银行业保险业做好金融"五篇大文章"的指导意见》	2024年5月9日	国家金融监督管理总局	针对科技型企业全生命周期的金融服务进一步增强，对研发活动和科技成果转移转化的资金和保险保障水平明显提升，科技金融风险分担机制持续优化，努力形成"科技—产业—金融"良性循环
4	《关于深化科创板改革 服务科技创新和新质生产力发展的八条措施》	2024年6月19日	中国证监会	深化科创板改革，完善资本市场"1+N"政策体系，进一步全面深化资本市场改革，推动股票发行注册制走深走实，服务科技创新和新质生产力发展
5	《促进创业投资高质量发展的若干政策措施》	2024年6月15日	国务院办公厅	围绕创业投资"募投管退"全链条，进一步完善政策环境和管理制度，积极支持创业投资做大做强，充分发挥创业投资支持科技创新的重要作用
6	《关于扎实做好科技金融大文章的工作方案》	2024年6月28日	中国人民银行、科技部、国家发展改革委、工业和信息化部、金融监管总局、中国证监会、国家外汇局	加强基础制度建设，健全激励约束机制，推动金融机构和金融市场全面提升科技金融服务能力
7	《关于实施支持科技创新专项担保计划的通知》	2024年7月24日	财政部、科学技术部、工业和信息化部、金融监管总局	实施支持科技创新专项担保计划，通过提高对科技创新类中小企业风险分担和补偿力度，引导银行加大对科技创新类中小企业融资支持力度

续表

序号	政策名称	发布时间	发布单位	主要内容
8	《关于做好金融资产投资公司股权投资扩大试点工作的通知》	2024 年 9 月 14 日	国家金融监督管理总局	稳步扩大金融资产投资公司（AIC）试点范围，加大对科技创新的支持力度
9	《关于推动中长期资金入市的指导意见》	2024 年 9 月 26 日	中央金融办、中国证监会	引导中长期资金入市，打通社保、保险、理财等资金入市堵点，提振资本市场
10	《关于做好重点地区科技金融服务的通知》	2024 年 10 月 16 日	中国人民银行、科技部	指导和推动北京、上海等13个重点地区做好科技金融服务，围绕科技创新中心建设需要提高金融支持力度，探索科技金融新模式
11	《国务院办公厅关于做好金融"五篇大文章"的指导意见》	2025 年 3 月 5 日	国务院办公厅	加强对实现高水平科技自立自强和建设科技强国的金融支持

63. 我国科技金融支持政策形成了哪些区域特色？

近年来，各地纷纷出台科技金融相关政策，在常规的产品创新、机构鼓励、资金支持等政策基础上，不断结合区域经济社会发展特色，逐渐形成了明显的差异化发展路径，其中东部地区政策市场化程度高，金融支持体系完善，强调通过多层次资本市场服务科技企业发展；中部和西部地区政策则更多依赖于国家政策的倾斜和支持，围绕区域协调战略，重点扶持产业转型和新兴产业；东北地区政策强调国企改革和科技成果转化，通过扶持重点产业发展，弥补结构性短板。

以东部地区的典型代表城市深圳为例，其政策的市场化程度极高。深圳拥有完善的金融支持体系，以风险投资为代表的市场力量在科技金融中发挥着关键作用。截至 2023 年年末，深圳市存续私募股权创投管理企业 1766 家，管理规模 1.52 万亿元。①2024 年深圳在全国率先提出"大胆资本"，将吸引集聚"大胆资本""耐心资本""国际资本""产业资本"四大资本开展风投创投高质量发展行动，力争到 2026 年形成万亿级政府投资基金群、千亿级"20+8"产业基金群、百亿级天使母基金和种子基金群。

中部地区以湖北省为例，政策较多依赖政府引导，在产业转型和新兴产业扶持方面成果显著。湖北省政府通过设立产业引导基金，助力科技企业发展。根据湖北财政厅数据，截至 2024 年 10 月，全省政府投资基金群设立基金 532 只，实缴总规模 4610 亿元，带动社会投资超过 1 万亿元。在政府引导下，湖北在光电子信息产业取得重大突破，武汉光谷作为光电子信息产业的核心区域，汇聚了众多相关企业，在政府政策和资金的支持下，不断进行技术升级。

西部地区的重庆市，同样注重政府引导。在全国率先启动科

① 数据来源：深圳私募基金业协会：《深圳私募股权创投基金行业 2023 年度发展情况报告》。

技型企业知识价值信用贷款改革试点工作，打造全国首个高新技术企业跨境融资产品——"科技跨境贷"，助力科技企业发展。在推动新兴产业发展方面，重庆市围绕构建"416"科技创新布局和"33618"现代制造业集群体系，出台了包括知识产权保护、科技人才培育等多项政策，2023 年财政科技支出完成 102.5 亿元①，有效推动了科技创新和新兴产业的发展。

东北地区以辽宁省为例，在科技金融政策上强调国企改革和科技成果转化。辽宁省政府推动国企加大科技研发投入，并促进科技成果转化为实际生产力。由辽宁省属国企、沈阳盛京金控和广东粤科金融"两地三方"机构共同合作组建的辽粤科创发展母基金，总规模 30 亿元，其中返投于辽宁省的投资金额不低于其实缴规模的 60%。

64. 促进科技与金融结合试点政策及实施效果如何？

2010 年科技部、中国人民银行等部门联合开展"促进科技和金融结合试点"工作，推动地方政府、金融机构和科技企业的合作，25 个试点地区覆盖东、中、西部（见表 4-3）。其中，

---

① 数据来源：重庆市财政局。

2010 年首批试点确定了中关村国家自主创新示范区、天津市、上海市、江苏省、浙江省"杭温湖甬"地区、安徽省合芜蚌自主创新综合试验区等 16 个地区；2016 年第二批试点确定了郑州市、厦门市、宁波市、济南市、南昌市、贵阳市、银川市、包头市和沈阳市等 9 个城市。

表 4-3　国家促进科技与金融结合区域试点分布情况

试点	东部地区	中部地区	西部地区
第一批试点	中关村国家自主创新示范区 天津市 上海市 江苏省 浙江省"杭温湖甬"地区 大连市 青岛市 深圳市 广东省"广佛莞"地区	安徽省合芜蚌自主创新综合试验区 武汉市 长沙高新区	成都高新区 重庆市 绵阳市 关中—天水经济区（陕西）
第二批试点	厦门市 宁波市 济南市 南昌市 沈阳市	郑州市	贵阳市 银川市 包头市

我国的 25 个促进科技与金融结合试点城市（地区）自设立以来，在推动科技与金融深度融合、促进科技创新企业发展方面取得了显著成效。这些试点积极探索科技金融服务体系的创新模

式，在融资渠道、政策支持、风险控制等方面积累了宝贵经验。

一是科技金融服务体系初步形成。多元化融资渠道得到拓展，涵盖银行贷款、股权融资、债券融资、风险投资等多种形式。科技金融产品创新不断涌现，包括科技贷款、知识产权质押贷款、股权质押融资、科技保险等。各试点城市逐步建立了科技金融服务平台，实现科技企业与金融机构的有效对接。典型案例包括深圳推出的"科技型中小企业信用贷"和"知识产权证券化"产品，上海设立的科技小巨人基金和科创企业上市培育库，以及广州创新推出的"人才贷"和"科创贷"。

二是区域科技产业集聚效应显著。各试点城市围绕本地优势产业，形成了特色化的科技金融服务模式，推动了区域科技产业集聚。试点推动了高新技术企业和科技型中小企业的快速增长，培育了大量专精特新企业。典型案例包括北京围绕中关村科技园区聚集的高新技术企业，成都构建的全链条科技金融服务体系，以及苏州通过"苏州科技创新券"政策支持的中小企业创新。

三是资本市场服务科技企业成效显著。各试点城市加大对科技企业上市培育的力度，推动一批科技企业登陆资本市场。科创板、创业板、新三板等资本市场平台为科技企业提供了重要的融资渠道。典型案例包括杭州推出的"科创板上市企业培育计划"，天津成立的科技型企业上市工作小组，以及武汉设立的"上市企业孵化器"。

四是知识产权金融创新取得突破。知识产权质押贷款、知识产权保险等知识产权金融产品不断创新，缓解了科技企业的融资难题。各地政府建立了知识产权评估和风险控制体系，提升了知识产权金融的可持续性。典型案例包括广州推出的全国首单专利权证券化产品，南京创新推出的"知识产权保险＋贷款"模式，以及武汉实施的"专利贷"项目。

五是政府政策支持与引导作用显著。各试点城市通过财政资金引导、风险补偿、融资担保等方式，为科技金融发展提供政策支持。地方政府与金融机构合作，设立科技基金、风险投资基金，支持科技创新企业发展。典型案例包括重庆设立的"科技金融风险补偿基金"，厦门设立的科技创新引导基金，以及青岛设立的科技企业投融资服务平台。

六是科技金融风险防控能力提升。通过大数据风控和信用评级体系的建立，提升了金融机构对科技企业的风险识别和控制能力。地方政府引导金融机构加大对科技企业的信用贷款和无抵押贷款的支持力度。典型案例包括上海建设的科技金融信用平台，宁波推出的"信用贷"产品，以及合肥构建的"科技型企业信用风险评估系统"。

65. 科创金融改革试验区政策发展情况及实施效果如何？

自 2021 年以来，中国人民银行、国家发展改革委、科学技术部、工业和信息化部、财政部、原银保监会、证监会、外汇局等八部门分三批设立了 7 家科创金融改革试验区，依次为济南市、上海市、南京市、杭州市、合肥市、嘉兴市以及中关村国家自主创新示范区（见表 4-4）。

表 4-4　科创金融改革试验区统计

序号	地区	获批年份
1	济南市	2021 年
2	上海市	2022 年
3	南京市	
4	杭州市	
5	合肥市	
6	嘉兴市	
7	北京中关村国家自主创新示范区	2023 年

科创金融改革试验区自设立以来，围绕科创企业融资难、融资贵、风险控制等问题，进行了深入的探索和改革创新，在产品和服务模式创新、特色机构发展、市场体系优化、资本市场对接、科技企业集聚、风险防控体系等方面取得了显著成效。

一是围绕金融产品和服务创新，推出专属科技金融产品。以南京为例，推出"专精特新保""宁科贷"等 200 余款科创金融专属产品，为科创企业提供无抵押、免担保费、高额度、低利率贷款；南京银行南京分行等金融机构为科创企业贷款提供绿色审批快捷通道，实现业务快速办理；中国银行南京分行发挥全牌照经营特色，提供覆盖投、贷、债、股、保、租的全产品谱系，为企业提供全方位金融服务。

二是围绕科创金融特色机构发展，构建专业团队与制度。各科创金融改革试验区在特色机构设立方面取得了显著成效，北京引导 70 家银行支行专注科创、投早、投小；嘉兴成立近 30 家科创金融专营支行；合肥的科创金融专营机构增至 39 家，总行级科创金融中心增至 9 家，总部级科创保险中心实现零的突破，逐步建立科创金融业务、特色机构及专业团队的差异化管理制度，设置符合科创金融业务特点及科技创新规律的考核指标。

三是围绕科创企业融资效能提升，完善科创平台和制度建设。杭州发挥金融综合服务平台智能撮合匹配服务，破解金融供求双方信息不对称、信用不充分难题，截至 2023 年 12 月末，平台已累计帮助 11.3 万家企业撮合融资金额超 3211 亿元[①]。比如，济南市设立企业贷款风险补偿资金池，对符合条件的不良贷款项目最高补偿本金损失的 50%，对首笔贷、纯信用贷、知识产权质押等方式获得的贷款，额外提高 10 个百分点进行补偿[②]。

四是围绕政策协同与生态营造，推动科技金融系统化发展。近年来，安徽强化财政政策与金融政策协同，通过担保增信、风

---

① 数据来源：朱崇敏：《探索金融服务中国式现代化"杭州模式"》，《国际金融报》2024 年 1 月 21 日。

② 资料来源：《加大对科技创新金融支持——对多地科创金融改革试验区的调研》，《人民日报》2024 年 2 月 19 日。

险补偿、贴息贴费等打造多维度政策支持体系，建立覆盖科创全周期的"基金丛林"；南京发挥政府投资基金作用，撬动更多金融资源和社会资本集聚。各地坚持"有为政府""有效市场"紧密配合，营造良好的科技金融生态。

66."创新积分制"政策对科技金融发展有哪些影响？

"创新积分制"是一种新型的信用评价机制，根据科技企业的创新活动、知识产权、研发投入、科技成果转化能力等关键指标，对企业的创新能力进行量化评价，形成一套积分体系，帮助金融机构更准确地评估企业的信用风险，从而优化融资支持。该项制度结合了科技创新数据与信用管理，有效弥补了传统金融机构在支持轻资产、高风险的科技企业时面临的信息不对称难题。

根据科技部最新发布的《"创新积分制"工作指引（全国试行版）》，创新积分核心指标共涵盖 3 类一级指标 18 个二级指标。第一类是技术创新指标，衡量企业在创新研发方面的投入以及最终创新结果；第二类是成长经营指标，衡量企业长期可持续的成长经营能力；第三类是辅助指标，对企业创新能力进行补充评价。在指标权重设置上，重点突出对企业创新能力评价、注重对企业成长经营能力考察，同时划分了初创期、成长期、稳定期企业不同阶段，鼓励各地方结合自身实际构建具有区域特色的积分体系。

"创新积分制"对科技金融领域的影响深远，主要表现在以下几个方面：一是能够有效增强科技型企业的融资能力，通过积分评估，企业的创新能力得到了量化，提升了企业的信用评估标准。二是鼓励金融机构创新金融产品，金融机构在面对科技型企业时，往往由于缺乏足够的信用数据或担保物，导致贷款困难，而创新积分制能够为金融机构提供更为清晰的评估标准，更有针对性地创新产品和提升风控。三是提升科技创新的融资效率，创新积分制的实施能提高创新型企业的融资效率，特别是在早期阶段的科技创业公司，积分机制可以作为一种无形资产进行融资，为企业提供更多的融资渠道。四是引导资源的合理配置，政府可以根据企业的创新积分提供更多的扶持政策，如税收减免、研发补贴、政策性融资等，积分较高的企业可以优先享受政府的政策支持，避免资源过度分散，提升创新产出效率。五是优化产业结构和企业发展，企业可以通过积累创新积分，逐步在产业链中占据领先地位，加快技术的更新迭代，政府可以根据企业创新积分的高低，扶持符合国家战略的高新技术企业，进一步促进科技创新和产业发展。

➤ 政策延伸：创新积分制的发展历程

"创新积分制"自 2020 年起在国家高新区率先以试点形式，探索建立一种基于数据驱动、定量评价、积分赋能、精准支持科技创新发展的新型科技金融政策工具。

1.试点启动与初期推广：2020年，"创新积分制"在13个国家高新区率先开展试点工作。截至2023年年底，实施"创新积分制"的试点高新区已达133家，其中包括101家国家高新区和32家省级高新区，覆盖全国25个省份，积分企业已超过10万家。

2.金融机构合作与产品创新：工商银行、农业银行、中国银行、建设银行、邮储银行等金融机构均在总行层面参与了"创新积分制"工作，推出了为科技型企业设立的"创新积分贷"专项金融产品，根据创新积分直接对科技型企业进行无抵押信用贷款。截至2023年，已有近20家银行主动与积分试点地区合作，2022—2023年银行为积分企业对接授信超2000亿元。

3.政策支持与推广普及：2024年，科技部会同中国人民银行依托"创新积分制"设立1000亿元科技创新再贷款，经两批次遴选了近3万家"白名单"企业推荐给中国人民银行作为科技创新再贷款备选企业加大融资支持。同年8月，科技部印发了《创新积分制工作指引（全国试行版）》，明确指导原则、核心指标、结果应用等关键要素，为全国范围内的"创新积分制"实施提供统一指导和规范。

4.地方积极响应与特色实践：湖北省、山东省、河北省、江西省等均在省政府层面发文推广企业创新积分制，在全省进行创新积分制的推广和应用。如江西赣州率先建成江西省首个"企业科技创新积分评价体系",实现了多部门的数据联通,并发布了首批企业创新积分制榜单,同时联动市内银行、金融机构,将企业创新能力"变现"为科创积分贷金融产品。

67."科汇通"试点政策是什么?

"科汇通"是一个由国家外汇管理局推动的特殊政策,旨在促进科技型企业的国际化发展和优化外汇管理服务。该政策重点服务于中小型科技企业、初创企业、创新型企业,通过建立一条便捷的跨境投融资通道,解决科技企业融资难、金融机构风控难的问题,为科技型企业提供灵活和多元化的融资渠道,从而支持科技成果的转化和应用,推动科技产业的快速发展。

"科汇通"试点政策从 2023 年 9 月启动,有效解决了科研资金跨境调拨的难题,优化了科研机构的全生命周期管理,促进了深港两地科技创新要素的跨境流动,为大湾区的高质量发展提供了有力支持。2024 年 10 月 31 日,国家外汇管理局决定将"科汇通"试点地区扩大至上海市、北京市、天津市、河北雄安、南京市、苏州市、杭州市、合肥市、武汉市、长沙市、广州市、重庆市、成都市、绵阳市、西安市和深圳市等 16 个地区。

➢ **典型案例：河套深港科技创新合作区的"科汇通"试点**

为了解决河套深圳园区内科研机构开办资金跨境调拨的难题，2023年9月，国家外汇管理局深圳市分局印发了《河套深港科技创新合作区"科汇通"试点业务操作指引》，标志着"科汇通"试点在河套深港科技创新合作区深圳园区的正式启动。

➢ **试点实施的主要内容包括：**

1. 允许境外科研机构开办资金直接汇入园区内的外资非企业科研机构；2. 园区内科研机构可直接在深圳辖内银行便捷办理外汇登记、汇款、变更、注销等各项外汇业务；3. 相关账户开立和开办资金使用适用外汇便利化政策。

➢**"科汇通"试点的创新之处在于：**

1. 解决跨境科研资金障碍

"科汇通"项目的启动，成功破解了非企业科研机构在接收境外科研资金上的法律困境，建立了科研资金的入境通道，使得境外科研启动资金可以直接进入区内外资非企业科研机构。此举为科研机构带来了更顺畅的资金流，加速了跨境科研合作的步伐。

2. 完善科研机构全周期管理

"科汇通"实现了对科研机构全周期、全环节管理的升级。区内科研机构可在深圳本地银行轻松办理外汇登记、转账、变更、注销等外汇业务，账户开设及资金使用享受外汇便利化政策。这显著提升了科研机构的运营效率，增强了资金管理的灵活性。

3.加速深港科技创新要素流动

"科汇通"为区内科研机构跨境调配科研资金开辟了新途径，为深港两地科技创新要素的跨境流动和科技产业合作提供了坚实支撑。该项目的实施，使得科研资金在深港间流动更加高效，深化了两地的科技创新合作。

4.扶持重大科研项目与企业

"科汇通"项目的实施，吸引了包括香港科技大学、香港大学等在内的5所知名高校，以及超过13个重点科研项目在河套深圳园区落地。这些项目涵盖新一代信息技术、材料科学、人工智能等领域，推动了深港科技创新的紧密融合。

5.金融赋能科技创新

"科汇通"项目的实施，是中国人民银行、国家外汇局响应党中央重大决策部署，支持深圳打造现代化国际化创新型城市，助力香港建设国际创新科技中心，推动粤港澳大湾区高质量发展的关键举措。通过该项目，河套合作区将进一步优化金融对科技创新的支持环境，促进科技与金融的深度融合。

6.推动科研成果转化

"科汇通"项目的实施，不仅为科研机构提供了资金支持，还加速了科研成果的转化。例如，河套合作区成功实施了大湾区首个以科创企业知识产权为金融标的的深港跨境知识产权证券化项目，为人才创新成果赋予金融价值，为人才密集型企业实现"知识变现"探索了有效途径。

7.优化营商环境

"科汇通"项目的实施，进一步优化了河套合作区的营商环境。通过提供便捷的外汇服务和资金支持，吸引了更多科研机构和企业入驻，促进了科技创新要素的集聚与流动。

8.加速深港规则对接

"科汇通"项目的实施，是河套合作区在加速国际规则对接、机制联通"软联通"方面的重要尝试。通过该项目，河套合作区紧密对接香港及国际先进科技规则，促进了科研人员、物资、资金等创新要素的跨境高效流动。

9.提供税收优惠政策

河套合作区积极营造与香港相近的税负环境，对设在河套合作区深圳园区特定封闭区域且符合条件的鼓励类产业企业，实行15%的企业所得税优惠税率。这进一步降低了企业运营成本，吸引了更多企业入驻。

10.支持港澳青年创新创业

"科汇通"项目的实施，为港澳青年创新创业提供了强大支持。河套合作区建设了粤港澳青年创新创业工场、河套港澳青年创新创业谷等孵化平台，吸引了近千名创新创业青年，助力港澳青年在湾区圆梦。

68. 科技金融服务平台有哪些类型?

科技金融服务平台在促进科技与金融的深度融合、支持科技型企业的发展方面发挥了重要作用,通过整合资源、提供多元化的金融服务,科技金融服务平台为科技创新提供了有力的金融支持。科技金融服务平台的类型多样,可以根据建设主体、服务对象和服务功能进行分类。

一是按建设主体分类,科技金融服务平台可分为政府主导型、金融机构主导型和民间市场化机构主导型。政府主导型平台提供政策咨询、项目申报等一站式服务;金融机构主导型平台提供信贷支持、股权投资等专业服务;民间市场化机构主导型平台则通过市场化运作,满足科技型企业的个性化需求。

二是按服务对象分类,平台可分为科技型企业全生命周期服务型和特定领域服务型。前者覆盖企业从初创到成熟期的全生命周期,提供多元化金融服务;后者专注于特定领域,如生物医药、新能源等,提供精准服务。

三是按服务功能分类,平台可分为融资对接型、信息共享型和综合服务型。融资对接型平台为科技型企业与金融机构搭建桥梁;信息共享型平台整合科技金融信息,提供企业信用评估等服务;综合服务型平台提供融资、咨询、培训、孵化等综合性服务。

69. 在科技金融发展中如何认识和壮大耐心资本?

耐心资本是一种长期投资资本,投资者愿意放弃短期的流动性,将资金投入到需要较长时间才能产生回报的项目或企业中。与短期逐利的资本不同,耐心资本的投资周期较长,一般以数年甚至数十年为周期,并且能够承受投资过程中的各种风险和不确定性,更关注企业的长期发展和价值创造能力,而不是短期的财务表现,常见于主权财富基金、养老基金、社保基金等形式,在科技金融的发展中发挥着风险缓释、长期赋能和创新驱动等重要作用。以我国社会保险基金为例,截至 2023 年年底,规模已达

(单位:亿元)

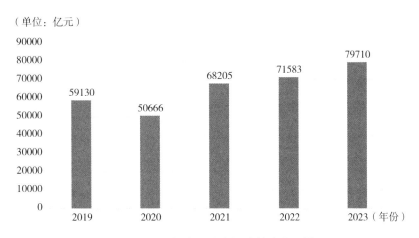

图 4-1　近 5 年我国社会保险基金收入情况

数据来源:《2023 年度人力资源和社会保障事业发展统计公报》。

到 79710 亿元（见图 4-1），长期资金的属性使其天然具备耐心资本的特征。

一是强化政府的引导和支持作用。政府应在推动耐心资本发展中扮演"引导者"和"减压阀"的角色，通过政策引导和资金扶持来降低投资风险，延长资金期限，吸引更多长期资本投入科技金融领域。以美国的《国内税收法》（*Internal Revenue Code*）为例，对于投资符合条件的小型企业股票并持有超过 5 年的投资者，提供一定比例的税收豁免，这在一定程度上鼓励了长期投资行为。以色列优兹玛（Yozma）计划通过税收优惠和政府资金引导，成功吸引大量海外资本进入以色列的科技产业，推动了以色列的创新经济发展。

二是拓展耐心资本供给渠道来源。要壮大耐心资本，必须创新金融工具，拓宽耐心资本的资金来源，使其覆盖不同阶段、不同风险偏好的投资者。比如，欧洲长期投资基金（ELTIF）聚焦于为长期项目提供资金支持，特别是在科技创新、基础设施和中小企业发展领域。此外，还可以加快引入保险资金、养老金等长期资本，放宽保险资金投资限制，引导养老金入市，支持科技型企业发展。美国养老基金（CalPERS）是全球最大的长期投资者之一，其在科技领域的长期股权投资为美国的创新企业提供了充足的资金支持。

三是完善耐心资本退出机制建设。耐心资本之所以稀缺，主要原因在于其退出渠道不畅、资金回报周期长。未来可以通过资本市场改革，畅通耐心资本的退出渠道，提升资本回报率，比如完善科创板和北交所的市场机制，优化上市审核机制，鼓励长期股东持股，推动企业股权激励和员工持股计划，让员工共享企业长期发展红利，稳定团队、推动创新。

四是培育长期价值投资文化氛围。耐心资本的发展不仅依赖于政策和市场，还需要投资文化的转变。通过宣传教育和机制引导，推动投资者从追求短期收益向注重长期价值转变。科技和金融监管部门可以设立专门的耐心资本指数，追踪长期投资的表现，增强投资者对长期投资的信心。金融机构可以通过路演、研讨会、宣传片等形式，引导投资者认识到长期投资的优势。

70. 科技金融政策的标准体系和统计制度建设发展情况如何？

目前我国科技金融标准体系和统计制度建设日趋完善，在国家和地方层面都开展了积极探索并取得了一定进展。

在国家层面，基本建立科技金融标准体系。由央行主导持续推进健全金融标准体系，规范金融标准建设流程，在金融标准制订方面，基本形成了国家标准保基础、行业标准强支撑、团标企标促发展的标准供给结构。2024年1月29日，国家金融监督管理总局印发《科技保险业务统计制度》，明确了科技保险的内涵外延，规定了科技保险业务的统计内容、填报机构、报送口径等，推动了科技保险业务数据治理和信息系统的建设。目前，中国人民银行会同有关部门在不断完善金融科技政策框架中也涉及科技金融统计制度的建设，如在一些政策文件中对科技金融业务的统计范围、指标设定等进行了规范和指导。但整体上，科技金融统计制度仍在不断完善过程中，尚未形成一套完整、全面、成熟的体系。对于科技金融中新兴业务如金融科技赋能的创新金融服务等，统计制度还需要进一步细化和优化。

在地方层面，济南市的科技金融标准体系建设走在前列，于2024年5月30日发布《科技金融机构建设指南》《科技金融统计监测指标体系》，并将于8月30日正式实施。《科技金融机构建设指南》明确了"科技企业""科技金融机构"等的定义范围，提供了科技金融机构建设总则及建设建议；《科创金融统计监测指标体系》包含12个一级指标、44个二级指标及若干三、四级指标，从科创主体实力及金融资金融通两大维度统计监测科创金融工作。此外，部分地方政府在科技金融统计方面进行了积极探索，例如上海、深圳等地结合当地科技金融发展特点，制定了一些针对科技企业融资、科技金融创新产品等方面的统计监测制度，但这些大多是局部性和探索性的，尚未形成全国统一的地方标准和规范。

第二节　科技金融政策的主体差异

71. 针对高校院所的科技金融创新政策有哪些？

　　在我国，针对高校院所的科技金融创新政策侧重于高校院所的科技成果管理自主权和科技成果转化支持，主要包括财政投入、赋权改革、人才激励等方面的内容。

　　一是财政投入类资金支持政策。政府从财政预算中安排专门资金，用于高校院所的科研项目、平台建设、人才培养等，比如，重庆规定从普通本科高校生均综合定额经费中安排 8%—12% 用于研发，高等教育新增财政性教育经费用于科技创新的比例不得低于30%，学科建设专项资金用于科技创新的比例不得低于30%。在基础研究领域，支持高校与地方自然科学基金设立联合基金，培育优势学科，助推原始创新，比如，安徽打造"政产学研金服用"贯通的创新生态，合肥工业大学智能制造技术研究院等通过设立专项、搭建平台等方式，推动科技成果从"实验室"走向"应用场"。

　　二是赋权改革类成果转化政策。开展职务科技成果赋权改革，允许高校院所科研人员对职务科技成果拥有一定的所有权或长期使用权，比如安徽推动中国科大职务科技成果"赋权＋转让＋

约定收益"改革试点在 106 家高校院所和医疗卫生机构全面推开，截至 2024 年 11 月底，累计赋权成果 1109 项，催生了中科离子等 30 余家科技企业。① 设立专门的科技成果转化基金，引导社会资本加大对高校和科研院所科技成果转化的投入。比如，重庆设立 20 亿元重庆科技成果转化基金，运用市场化、专业化方式促进科技成果转移转化。

三是人才激励类创新支持政策。以安徽省政策为例，通过打造科创人才"千人特训营"等培训品牌，培养"懂科技、懂产业、懂资本、懂市场、懂管理"的复合型科技产业组织人才，满足高校和科研院所科技金融创新发展对人才的需求。同时，从人才制度上强化科研与产业的联系，建立"产业教授""科技副总"选聘制度，首批从企业选聘 302 名"产业教授"参与高校院所人才培养工作，从高校院所选派 342 名"科技副总"到科技企业兼职创新，畅通高校院所和企业间的人才流动。

72. 针对科技型企业的科技金融创新政策有哪些？

在我国，针对科技型企业的政策更加侧重于全生命周期的金

① 数据来源：安徽省发展改革委网站。

融扶持、创新能力提升引导以及市场拓展助力。

在全生命周期的金融扶持上，针对科技型企业不同发展阶段，提供精准适配的金融服务。种子期与初创期，政府引导天使投资、创业投资基金积极介入，给予企业启动资金支持，帮助企业跨越从创意到产品雏形的"死亡谷"阶段。成长期时，科技信贷产品丰富多样，如知识产权质押贷款、应收账款质押贷款等不断涌现，为企业扩大生产规模、拓展市场提供资金保障。同时，支持企业通过发行债券等方式直接融资，拓宽资金来源渠道。步入成熟期，助力企业对接资本市场，推动企业在科创板、创业板等上市，实现大规模融资与快速发展。

创新能力提升引导方面，全方位激励科技型企业加大研发投入。从税收优惠着手，全面落实研发费用加计扣除政策，允许企业将更多研发成本在计算应纳税所得额时进行扣除，减轻企业税负压力。同时，对企业购置用于研发的设备、仪器等给予加速折旧优惠，降低企业创新成本。设立专项研发补助资金，对开展关键核心技术攻关、前沿技术探索的企业给予直接资金补助，鼓励企业在科技创新赛道上勇攀高峰。还积极支持企业建设各类创新平台，如重点实验室、工程技术研究中心等，提升企业自主创新能力与核心竞争力。

市场拓展助力层面，政策全力为科技型企业打开市场空间。一方面，全面落实首台（套）装备、首批次材料、首版次软件应用政策，编制详细的创新产品目录，制定政府首采首订实施办法，以政府采购的方式为企业新产品提供初始市场，帮助企业建立市场口碑。另一方面，鼓励各地积极建立重大新产品应用开发场景，组织供需对接活动，促进科技型企业与下游应用企业的深度合作，加速科技成果转化为现实生产力，推动企业在市场中不断发展壮大。

73. 针对金融机构的科技金融创新政策有哪些？

在我国，针对金融机构的政策侧重于引导其加大对科技领域的资源投入，优化金融服务模式与创新金融产品，强化风险防控与管理能力建设，以及推动金融机构与其他创新主体的协同合作。

一是激励政策与引导类。中国人民银行设立科技创新和技术改造再贷款等专项再贷款，为金融机构提供低成本资金，激励引导金融机构加大对科技型中小企业、重点领域技术改造和设备更新项目的金融支持力度。对金融机构服务科技企业在不良容忍度、拨备覆盖率、资本充足率等方面实施差异化监管，适当提高对科技金融业务的风险容忍度，鼓励金融机构积极开展科技金融业务。

二是业务规范与指导类。国家金融监督管理总局发布《关于加强科技型企业全生命周期金融服务的通知》等文件，指导金融机构为不同生命周期的科技型企业提供针对性金融服务，包括对初创企业加大信用贷款投放力度、对成长期企业加大项目贷款投放力度、对成熟期企业强化风险管理等一揽子金融支持。制定科技金融业务规范和风险管理指引，要求金融机构建立健全科技金融专属组织架构、风控机制、绩效考核、尽职免责等制度，引导金融机构在合规经营的前提下开展科技金融创新业务，防范金融风险。

三是产品创新与支持类。鼓励金融机构推出适合科技企业的信贷产品和金融服务，如知识产权质押贷款、股权质押贷款、应收账款质押贷款、科创票据、科技创新公司债等，拓宽金融机构的业务范围和科技企业的融资渠道。中国证监会发布《资本市场服务科技企业高水平发展的十六项措施》《关于深化科创板改革　服务科技创新和新质生产力发展的八条措施》等政策，支持金融机构开展科技企业上市保荐、承销、并购重组、私募投资等业务，推动资本市场改革，优化科技企业融资环境。

四是机构建设与合作类。支持银行设立科技支行或科技金融专营机构，专门为科技企业提供金融服务，提高服务效率和专业性。同时，鼓励金融资产投资公司开展股权投资试点，扩大试点范围，为科技企业提供股权融资支持。鼓励银行、证券、保险、基金等金融机构之间加强合作，开展投贷联动、投保联动等业务创新，整合金融资源，形成支持科技创新的合力。如银行与风险投资机构合作，为科技企业提供"债权＋股权"的综合金融服务。

五是人才与环境建设类。鼓励金融机构培养和引进科技金融专业人才，提高金融机构从业人员的科技金融业务水平和专业素养。政府部门组织开展科技金融人才培训，为金融机构输送专业人才。加强科技咨询、科技创新评价标准、知识产权交易、信用信息系统等基础设施建设，为金融机构提供更好的业务环境和决策依据。完善风险分担机制，发挥政策性融资担保体系的作用，降低金融机构的风险。

74. 针对科技中介组织的科技金融 创新政策有哪些？

科技中介组织是指为科技创新主体提供社会化、专业化服务以促进科技成果转化和技术转移的机构。它们在科技成果的供给方（高校、科研院所等）和需求方（企业等）之间发挥着桥梁和纽带的作用。在我国，针对科技中介组织的政策侧重于规范引导、能力提升以及合作协同。

在规范引导层面，致力于构建完善的政策法规体系，明确科技中介组织的设立条件、业务范围、运营规范以及监管机制。通过制定专门的行业管理办法，严格规范科技中介组织的市场准入与退出流程，确保其依法依规开展业务。同时，加强对科技中介服务质量的监管，建立服务质量评价标准和监督机制，对服务不规范、存在欺诈行为的中介组织进行严厉惩处，净化行业发展环境，维护市场秩序，保障科技成果供需双方的合法权益，让科技中介组织在健康、有序的轨道上发展。

能力提升方面，政府大力推动科技中介组织的专业化建设。一方面，支持科技中介组织开展各类专业培训，涵盖技术评估、知识产权运营、科技金融等多领域知识，提升从业人员的专业素养和服务能力。另一方面，鼓励科技中介组织加强信息化建设，引入先进的信息技术手段，搭建高效的科技服务信息平台，整合科技成果、企业需求、投融资等各类信息资源，实现信息的快速精准匹配，提高服务效率和质量。此外，还引导科技中介组织积极开展行业交流与合作，学习借鉴国内外先进经验和模式，不断创新服务产品和业务模式。

合作协同方面，积极促进科技中介组织与高校院所、科技企业以及金融机构之间的深度合作。鼓励科技中介组织与高校院所建立长期稳定的合作关系，深入了解高校院所的科技成果情况，协助高校院所进行成果的评估、包装和推广，加速科技成果向现实生产力的转化。推动科技中介组织与科技企业紧密对接，精准把握企业的技术需求和创新痛点，为企业提供定制化的技术解决方案和创新服务。同时，加强科技中介组织与金融机构的协同，发挥科技中介组织在信息沟通和风险评估方面的优势，帮助金融机构更好地识别和支持有潜力的科技项目和企业，促进科技与金融的有效融合。

第三节　科技金融与风险管理的相伴相生

75. 科技创新过程中存在哪些潜在风险？

　　科技风险作为风险大类中的一种，通常被认为在具有风险共性特征的同时，还具有复杂性、广泛性和高损失性、风险收益对称性、关联性和扩散性、不易度量性、不可规避性等特征，遍布科技创新全过程。[①] 沿创新链依次分析，可以对科技风险进行全景式概览。

　　首先，在科技研发阶段，项目复杂度、研发难度、设备人员专业性和齐备度等内部因素，以及自然、经济、政策、市场等外部环境因素均可能造成风险点，主要形态涵盖经济损失风险、责任风险和人身风险三大类（见表4-5）。其中，经济损失风险的风险等级普遍较高，可通过建立内部风险基金、投保科技保险、引入风险投资等方式加以保障。

[①] 　中国人民大学中国保险研究所：《科技保险发展研究报告（2023）》，《保险理论与实践》2024年第8期、第9期。

表 4-5　科技研发阶段潜在风险 [①]

风险类型	相关风险	风险等级 1
经济损失风险	研发费用损失	较大风险
	研发中断	较大风险
	关键研发设备损失	较大风险
	研发资金短缺	较大风险
	财产损失	较大风险
	研发人员流动	一般风险
责任风险	研发责任风险	一般风险
	研发人员职业责任	一般风险
	雇主责任	一般风险
	研发环境污染责任	一般风险
人身风险	高管及研发人员健康	一般风险
	意外风险	低风险

资料来源：中国人民大学中国保险研究所：《科技保险发展研究报告（2023）》，《保险理论与实践》2024 年第 8 期、第 9 期。

其次，在成果转化阶段，科技成果质量和可生产性、知识产权性质和结构、资本市场利率和价格水平等内外因素均可能引致风险，主要涉及成果转化费用损失险、生产资金短缺风险、供应链风险、成果转让责任风险、知识产权被侵犯风险、知识产权侵权责任风险等（见表 4-6）。与科技研发风险类似，经济损失风险等级较为突出，同样可通过风险基金、科技保险、风险投资等

[①]　此处参照中国人民大学中国保险研究所的风险评价方式，按照风险发生可能性（损失概率）和风险造成损失后果的严重程度（损失程度）进行风险等级划分，分为重大风险、较大风险、一般风险、低风险四类。

方式进行对冲，同时还可前置部署供应链金融、科技信贷等多元化科技金融手段进行风险预防。

表 4-6 成果转化阶段潜在风险

风险类型	相关风险	风险等级
经济损失风险	成果转化费用损失	较大风险
	生产资金短缺	较大风险
	供应链问题	较大风险
责任风险	成果转让责任	一般风险
	知识产权被侵犯	一般风险
	知识产权侵权责任	一般风险

资料来源：中国人民大学中国保险研究所：《科技保险发展研究报告（2023）》，《保险理论与实践》2024 年第 8 期、第 9 期。

最后，在产业化推广阶段，科技产品或服务的性质、质量及其市场价格，以及消费者对技术的接受度、消费者的风险感知、市场供求关系、同行竞争程度等内外因素是主要的风险源，可能导致科技产品市场需求风险、同行竞争风险、声誉问题风险、科技产品召回风险、科技产品质量责任风险、数据安全与隐私保护风险、经营活动法律合规风险等风险点（见表 4-7）。可以看到，此阶段多数风险均可能在企业市场活动中波动性、周期性出现。因此，企业应做好长线资金准备，联合科技保险、风险投资等机构做好应急预案，并适时通过发行债券、引入股权投资、挂牌上市等金融渠道为企业发展引入更多专业力量、完善内外监管，为科技风险管理夯实金融保障。

表 4-7　产业化推广阶段潜在风险

风险类型	相关风险	风险等级
经济损失风险	科技产品市场需求	较大风险
	同行竞争	较大风险
	声誉问题	较大风险
	科技产品召回	一般风险
责任风险	科技产品质量责任	较大风险
	数据安全与隐私保护	较大风险
	经营活动法律合规	一般风险

资料来源：中国人民大学中国保险研究所：《科技保险发展研究报告（2023）》，《保险理论与实践》2024 年第 8 期、第 9 期。

76. 金融支持科技创新面临 哪些堵点和卡点？

现阶段，我国金融支持科技创新主要面临四方面困境亟待深入剖析与解决。

其一表现为轻资产融资的价值评估困境。科技型企业专利技术、软件著作权、研发团队智力成果等无形资产占比极高，具有专业性强、更新换代迅速、未来收益不确定性大等特性，使得传统基于有形资产、历史财务数据的价值评估方法难以为继。一方面，评估机构往往缺乏既精通前沿科技又深谙金融估值原理的复合型专业人才，难以精准把握技术的潜在市场价值、竞争优势存续期以及技术迭代风险，导致评估结果偏差较大。另一方面，科创企业出于保密需求，对技术细节、研发规划等关键信息披露有限，进一步加剧了与外部金融机构间的信息不对称，恶化了科技型企业的融资难题。

其二表现为金融服务模式错配的困境。我国金融体系结构失衡，银行业资产在 2024 年第 3 季度末金融业机构总资产中占比达到 90% 之高（见图 4-2），使我国科技金融发展高度依赖于银行业，并在实践过程中逐渐凸显出银行追求安全性与科创内生风险性、信贷追求短期收益与科创需要耐心资本、信贷偏好规模投资与科技型企业体量有限，以及间接融资重抵押和科技创新轻资产之间的四重矛盾。同时，非银金融发育不足直接制约了保险风险

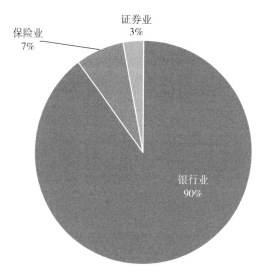

图 4-2　2024 年第 3 季度末金融业机构资产比例

数据来源：中国人民银行官网。

管理功能以及资本市场直接融资功能的完全激发。根据六大国有银行公开数据，2023 年，六大行科技型企业贷款余额达到 9.64 万亿元人民币，占 2023 年贷款余额总量（124.71 万亿元）的 7.7%。[①] 而据中国证券业协会和央行发布的 2023 年数据，全年共计 58 家证券公司承销发行了 334 只科创债，合计金额 3642.41 亿元，仅占当年公司信用债券发行总额的 2.6%，凸显了这一问题的严重性。

其三表现为多元主体协同乏力的困境。金融机构的外部联动往往受信息、技术、标准等多重因素制约，难以自发协同，通常要以政府信用和政策力量为背书。但受经济周期性波动、地方财政紧平衡等问题影响，财政兜底和政策工具激励的效用空间均较从前降低，政府性融资担保机构、政府性基金的短板同样凸显，资金规模有限、市场机制和风险机制不完善、风险容忍度低等问题亟待解决，加剧了"政银保担企"等各方之间的信息不对称与各方资金沉淀的风险，制约了各方以协同联动分摊风险、保障收益、构建安全资本循环的意愿与积极性。

其四表现为金融配套生态发育不足的困境。一是金融复合人才培养输送不足，当前教育体系与职业培训学科设置界限分明，在职金融从业者科技知识更新培训不足，使得行业内精通"科技＋金融"的专业人才供不应求，制约金融服务科技创新的专业

---

① 　火石创造：《产业大脑：六家国有银行 2024 科技金融成绩单出炉》，2024 年 10 月 16 日，见 https://www.hsmap.com/detail/1/1686。

水平提升。二是现存企业信用评估体系尚不完善，仍围绕传统制造业、服务业构建，企业创新能力、技术壁垒、团队潜力等创新特质未被有效纳入，导致金融机构在评判科创企业信用质量时缺乏科学、精准参照。三是科技创新主体、活动等"信息孤岛"特征显著，各类信息散落在政府科技部门、园区管委会、行业协会以及企业自身各个节点，未形成互联互通共享格局，信息不对称衍生逆向选择与道德风险，进而阻碍金融资源精准对接科创需求。

77. 科技金融的风险管理政策发展情况如何？

我国科技金融风险管理政策的发展呈现出积极且全面的态势。早期，政府开始关注科技企业融资，但风险管理政策相对较少且不够系统。近年来，各政府部门积极出台了一系列支持科技金融发展且注重风险管理的政策文件，比如《关于扎实做好科技金融大文章的工作方案》和《国家金融监督管理总局关于银行业保险业做好金融"五篇大文章"的指导意见》等，对构建科技金融专属组织架构、风控机制、绩效考核、尽职免责等方面作出了具体安排，已经形成了覆盖风险识别、评估、分担、补偿、监测、预警等多方面的风险管理政策体系（见图4-3）。

一是在风险分担与补偿机制方面，中国人民银行联合科技部

图 4-3　风险管理政策体系

等部门设立了 5000 亿元科技创新和技术改造再贷款，其中 1000
亿元额度专门用于支持初创期、成长期科技型中小企业首次贷款。
此外，鼓励保险公司开发针对科技企业的保险产品，如研发费用
损失保险、关键研发设备保险、产品质量保证保险等，为科技企
业提供风险保障，降低企业因技术创新和市场风险带来的损失。

　　二是在监管与创新协同推进方面，利用大数据、人工智能、
区块链等技术手段提升监管的精准性和有效性。监管部门还积极
探索对金融科技新业态、新模式的监管方式。同时，鼓励金融机
构创新科技金融产品和服务，如知识产权质押贷款、科创票据、
科技型企业债券等，满足科技企业多样化的融资需求，并加强对
创新业务的风险评估和管控。

　　三是在区域试点示范带动作用方面，在北京、上海、武汉、

成都等城市设立了科创金融改革试验区，在试验区内先行先试一系列科技金融政策和风险管理措施，通过试验区的实践，探索出适合不同地区科技金融发展的风险管理制度和模式。加强不同地区之间的科技金融合作与交流，分享风险管理的经验和最佳实践。

四是在多主体协同治理格局方面，政府通过制定政策、提供资金支持、搭建平台等方式，引导金融机构加大对科技企业的支持力度，同时加强对科技金融市场的监管和风险防控，鼓励金融机构与科技企业建立长期稳定的合作关系，加强信息沟通和共享，共同应对风险。

78. 科技金融的风险识别机制有哪些？

科技金融作为新兴领域，风险识别机制至关重要，不同机制各有优劣，在实际应用中还需结合科技金融项目的具体情况，多种机制协同运用，以更精准地识别风险。

一是基于大数据分析的风险识别机制。首先，需要收集多源数据，包括科技企业的财务数据、经营数据、信用记录、行业数据以及市场数据等。例如，利用网络爬虫技术收集企业在社交媒体、行业论坛上的相关信息，从金融机构获取其信贷记录等。其次，开展风险特征提取，通过决策树、随机森林等机器学习算法，对数据进行深度挖掘，提取与风险相关的特征，比如，从财务数据中提取资产负债率、流动比率等指标，结合企业发展阶段和行业特点，分析其对风险的影响。最后是风险预测模型构建，运用大数据分析技术构建风险预测模型，实时监测风险变化，例如，利用时间序列分析预测科技企业未来的资金流状况，提前发现潜在的流动性风险。

二是基于信用评级的风险识别机制。首先，开展信用评级指标体系设计，针对科技企业特点，设计专门的信用评级指标体系。除传统财务指标外，还需要增加研发投入强度、专利数量与质量、技术团队实力等非财务指标，研发投入占比高且专利转化率高的企业，信用评级相对较高。其次，确定信用评级方法，采用定量与定性相结合的方法进行信用评级，一方面运用层次分析法确定各指标权重，另一方面结合专家判断对企业的创新能力、市场竞争力等进行定性评估。最后是信用评级动态调整，根据科技企业的发展变化，定期或不定期对其信用评级进行调整，比如企业获得重大技术突破或市场份额大幅提升时，及时上调信用评级；反之，若出现负面事件，则下调评级。

三是基于专家经验的风险识别机制。首先需要组建专家团队，由金融领域专家、科技行业专家、法律专家等组成多领域专家团队，金融专家负责分析财务风险和市场风险，科技专家评估技术可行性和创新性，法律专家审查合规风险。其次，开展风险评估流程，组织专家团队通过实地调研、企业访谈、项目评审等方式，对科技金融项目进行全面评估，在实地考察科技企业的研发设施、生产流程后，结合行业经验判断其技术风险和运营风险。最后是建设经验知识库，将专家在风险识别过程中的经验和案例进行整理，建立经验知识库，为后续类似项目的风险识别提供参考，提高风险识别的准确性和效率。

79. 科技金融的风险评估机制有哪些？

风险评估机制是在风险识别基础上，对风险进行量化分析和综合评价，以确定风险的大小、可能性和影响范围。

一是定量评估机制。财务指标分析运用常见的财务比率，如盈利能力指标（毛利率、净利率）、偿债能力指标（资产负债率、利息保障倍数）、营运能力指标（存货周转率、应收账款周转率）等，对科技企业的财务状况进行评估。例如，低毛利率可能暗示企业产品竞争力不足或成本控制不佳，增加投资风险。风险度量模型借助现代金融风险度量模型，如风险价值（Value at Risk，VaR）模型及其扩展模型，通过历史数据和市场波动情况，计算在一定置信水平下，科技金融投资组合在未来特定时期内可能遭受的最大损失。敏感性分析则是分析科技金融项目中关键变量（如市场利率、产品价格、原材料成本等）的变动对项目收益或风险的影响程度。

二是定性评估机制。行业发展前景评估重点分析科技行业所处的发展阶段（萌芽期、成长期、成熟期、衰退期）、市场竞争格局、政策环境等因素。技术创新能力评估重点考量科技企业的研发投入强度、研发团队的专业背景与创新能力、专利质量与数量、技术储备等。企业管理水平评估是对科技企业的治理结构（如股权结构、董事会独立性）、管理层的专业能力与经验、内部管理制度（如财务管理制度、风险管理流程）等进行评估，从而形成评估结果。

三是综合评估机制。常用的如层次分析法（AHP），是将科技金融风险评估的复杂问题分解为多个层次，如目标层（风险综合评估）、准则层（定量指标、定性指标等）和方案层（具体的评估指标）。通过两两比较确定各层次元素之间的相对重要性，构建判断矩阵，计算各指标的权重，最后综合得出风险评估结果。模糊综合评价法是针对风险评估中存在的模糊性因素（如技术先进性的模糊描述、市场前景的不确定性等），运用模糊数学的方法进行量化处理，先确定评价因素集、评语集，然后构建模糊关系矩阵，结合各因素权重进行模糊运算，得出综合评价结果。

80. 科技金融的风险分担和补偿机制有哪些？

风险分担和补偿机制对于科技金融稳健发展同样关键，完善的风险分担和补偿机制可以有效降低各方风险，推动科技与金融深度融合。

以政府为主体的风险分担和补偿机制中，一是财政补贴与税收优惠，政府通过财政补贴，对投资科技企业的金融机构或风险投资基金给予一定比例的资金支持，以弥补其可能面临的风险损失；二是政府牵头设立科技金融风险补偿基金，当金融机构向科技企业发放贷款出现违约损失时，由风险补偿基金按照一定比例给予补偿，比如，规定补偿比例为损失金额的 30%—50%，以此鼓励金融机构加大对科技企业的信贷支持；三是政策性银行通过提供低息贷款、专项贷款等方式，为科技企业提供资金支持，分担商业性金融机构的风险，例如，国家开发银行针对重大科技项目提供长期、低息的专项贷款，降低企业融资成本和还款压力。

以金融机构为主体的风险共担和补偿机制中，一是银保合作，保险公司为科技企业贷款提供保证保险，当企业无法按时偿还贷款时，由保险公司按照合同约定向银行赔付一定比例的贷款本金和利息，例如，银行与保险公司签订合作协议，约定保险赔付比例为 80%，银行承担剩余 20% 的风险，实现风险分担。二是银担合作，担保机构为科技企业向银行贷款提供担保，若企业违约，担保机构承担代偿责任，同时，银行与担保机构合理分担风险，按照一定比例（如 7∶3 或 6∶4）分担最终损失。这种合作模式可以提高科技企业的融资可得性，降低银行的信贷风险。三是联合投资，多家金融机构或投资主体共同对科技项目进行投资，按照投资比例分担风险和分享收益，降低单个投资者的风险暴露。

此外，多层次资本市场本身有风险分散的功能，科技企业通过在资本市场上市（如创业板、科创板）或引入战略投资者等股权融资方式，将企业风险分散给众多投资者。投资者按照持股比例分享企业收益并承担风险，相比债权融资，股权融资无须固定偿还本息，减轻了企业的财务压力，也分散了风险。科技创新债券既具有债券的固定收益特性，又赋予投资者在一定条件下转换为股权或认购股权的权利，吸引不同风险偏好的投资者，有效分散风险。

81. 科技金融的风险监测和预警机制有哪些？

风险监测和预警机制是科技金融风险管理体系中的重要环节，这一环节聚焦于实时跟踪风险状况，及时发现潜在风险变化，为风险防控提供依据，可以基于风险监测所收集的数据和信息，提前发出风险信号，以便相关主体采取措施应对。

大数据分析与模型的监测和预警机制，主要有三种模式。一是构建综合风险监测预警模型，在大数据与信息技术的监测基础上，运用支持向量机、深度学习的神经网络等机器学习算法，结合科技企业多维度数据，包括财务、技术创新、市场等方面，构建综合风险预警模型，更精准地挖掘风险因素间的非线性关系，比如，通过分析企业研发投入、专利转化效率与市场份额变化之间的复杂联系，预测潜在风险。二是设定动态监测预警阈值，根据科技行业的发展特点和市场变化，对风险预警模型中的各项指标设定动态阈值。不同发展阶段的科技企业，其风险承受能力和关键指标表现不同。例如，处于初创期的科技企业，研发投入大但短期盈利能力弱，针对此类企业的资产负债率等指标预警阈值应区别于成熟企业，且随企业发展阶段动态调整。三是情景分析与压力测试，利用大数据模拟不同市场情景和极端情况，对科技金融投资组合或单个项目进行情景分析与压力测试。比如，模拟行业竞争加剧、技术替代加速等不利情景，分析科技企业在这些情况下的财务状况和风险承受能力，当模拟结果显示风险超出可承受范围时，发出预警信号。

金融机构内部监测预警机制，同样包括三种模式。一是分层级监测预警体系，根据风险严重程度划分不同级别。例如，将风险预警分为一般、重要、重大三个级别。一般预警针对企业财务指标轻微波动等情况，由基层业务人员关注并跟踪；重要预警对应企业出现如市场份额下滑、关键技术人员离职等中度风险事件，需业务部门负责人介入；重大预警针对企业面临重大诉讼、资金链断裂等严重风险，由金融机构高层决策处理。二是监测预警信号触发机制，结合贷前审查与持续跟踪所掌握的信息，设定具体的预警信号触发条件。比如,企业连续两个季度现金流为负、贷款逾期一定天数等情况触发预警信号。一旦触发,系统自动通知相关人员,并启动相应的风险处置流程。三是风险预警与决策联动,将风险预警结果与金融机构的业务决策紧密挂钩。当预警显示风险上升时,自动调整信贷额度、利率或加强担保措施。例如,对于风险预警为重要级别的科技企业,金融机构可提高贷款利率,要求增加抵押物或保证人,以降低风险暴露。

政府与行业协会协同监测预警机制主要体现在:一是政府相关部门根据宏观政策调整和行业发展趋势监测结果,发布政策风险预警。例如,当国家对某一科技领域的扶持政策可能发生变化时,提前向金融机构和科技企业发布预警信息,提醒其调整业务策略,防范因政策变动带来的风险。二是行业风险联合监测预警,政府部门、金融监管机构与行业协会共同建立行业风险联合监测预警平台,整合各方数据资源,对行业整体风险进行监测评估和预警。例如,当行业协会发现某一细分科技领域投资过热,存在泡沫风险时,通过联合预警平台发布预警信息,引导金融机构和企业合理布局,避免盲目投资。三是舆情监测与预警,政府和行业协会利用舆情监测工具,收集和分析社交媒体、行业论坛等渠道的信息,对涉及科技金融的负面舆情进行监测和预警。例如,当出现关于某科技企业的重大负面传闻,可能影响其声誉和融资能力时,及时发布舆情预警,提醒金融机构关注企业声誉风险,同时协助企业进行舆情应对。

➢ 风险案例

➢ 硅谷银行：风险偏好激进、治理措施不当、四大风险轮番
"爆雷"，风险控制应当作为科技金融长远发展的"护城河"

硅谷银行（Silicon Valley Bank，SVB），曾是美国科技金融领域的标杆银行，在科技企业的成长与发展中扮演着重要角色。但在 2023 年 3 月，这家具有 40 年历史的银行突然倒闭，其背后风险偏好激进、治理措施不当等问题依次显露，成为 2023 年度全球银行业危机的标志性事件，为全球科技金融专营机构风险管理提供了深刻的前车之鉴。

从负债结构来看，硅谷银行负债高度同质化。《银行家》杂志数据显示，截至 2022 年年末，硅谷银行科技类、PE 和 VC 等投资机构的存款占比达到 64%。这些存款多为短期存款，即企业和机构在投入或获取资金前以存款的形式存放在硅谷银行的周转资金，成为硅谷银行最终"爆雷"的结构性要素。一方面，科技初创企业的经营状况受行业环境、技术创新、市场竞争等因素影响较大，一旦行业出现波动，众多企业可能同时面临资金紧张的情况，从而集中提取存款。另一方面，风险投资机构的投资决策也具有较强的联动性，当市场信心受挫时，它们可能会要求被投企业提取存款，以备不时之需。此外，硅谷银行的未保险存款比例极高，90% 以上的存款超过了联邦存款保险公司（FDIC）的保险上限，更加加剧了储户的风险敏感度。基于此，挤兑风险首当其冲，成为硅谷银行稳定经营的首

要障碍。

从资产结构来看，硅谷银行并未识别其负债结构高度同质化的潜在风险，同样选取了高集中度的资产配置策略。《银行家》数据显示，截至 2022 年年末，其贷款净额资产占比约为 33%，其中投资机构、初创企业占其贷款客户结构的 73%；固定收益类证券占比约为 55%，其中美国国债和抵押贷款支持证券（MBS）的比重分别为 14% 和 55%；总体来看，近 60% 的资产期限结构在 5 年期以上，1 年期内资产占比仅为 23%。该策略一是导致了突出的信用风险。科技初创企业本身具有较高失败率，叠加新冠疫情等突发事件影响，宏观经济与市场的疲软直接恶化了初创企业估值和投资机构回报率，使硅谷银行贷款回收能力大幅波动，直接冲击其经营稳定性。二是导致了严重的流动性风险。其资产与负债的期限严重错配，一旦出现大规模的存款提取需求，硅谷银行难以迅速变现长期资产来满足资金需求。三是导致了对市场风险的高敏感性。硅谷银行在货币政策宽松期大批购入风险相对较低的抵押证券，随着美联储持续加息，市场利率大幅上升，硅谷银行持有的长期债券价格大幅下跌，资产价值严重缩水。

从应对措施来看，硅谷银行缺乏风险管理的长远视野，应对措施不佳，直接引发系列连锁问题。在信用风险管理方面，虽然银行对科技企业进行了一定的风险评估，但在经济环境变化和行业竞争加剧的情况下，评估的准确性和有效性大打折扣。在挤兑风险和流动性风险管理方面，银行虽然持有一定的现金储备，但远远不足以应对大规模的存款挤兑。当储户开始集中提款时，银行试图通过出售资产来筹集资金，但由于市场环境不佳，出售资产不仅产生了巨额亏损，还进一步加剧了市场恐慌。在市场利率风险管理方面，银行没有采取有效的套期保值措施来对冲利率风险，对市场利率上升的速度和幅度估计不足，未能及时调整资产结构，降低利率风险敞口。

此外，硅谷银行风险治理制度的缺位同样加速了其失败。据硅谷银行 2023 年股东委托书披露，其首席风险官自 2022 年 4 月就已停止履职，于 2022 年 10 月正式离职，直至 2023 年 1 月硅谷银行才任命新任风险官，使其在金融市场剧烈波动的关键节点难以因时因势调整风险治理策略，为后续诸多风险的爆发埋下了伏笔。2022 年 5 月—2023 年 3 月多家监管机构的风险评估结果公布，多名股东对硅谷银行提起诉讼，彰显了风险治理缺位对股东信任度的重要影响。

硅谷银行的崩盘揭示了科技金融专营机构在风险管理中的致命盲区：过度追求高增长与创新业务，却忽视了基础性风险控制，其激进的风险偏好和治理失效直接放大了系统性风险。这一案例警示科技金融从业者，必须构建动态风险监测框架，在支持科技创新的同时严守资本充足率与资产负债匹配底线，并通过分层治理机制、风险管理制度框架等方式强化风险治理与运营管理的深度嵌套，从而推动金融在风险可控的前提下更好地赋能创新。

➤ 沃格科普特公司（Volocopter）："技术—市场"投资逻辑步入误区，终致上市计划流产，科技金融安全运转需以穿透式洞察为锚

沃格科普特公司成立于 2011 年，是最早进入 eVTOL 领域进行早期探索创新的企业之一，曾在 2016 年推出世界上第一台飞跃迪拜的自动驾驶空中出租车，迅速吸引了众多投资者的目光，为其争取了戴姆勒、吉利、英特尔等知名企业的投资，估值一度高达 140 亿美元，成为 eVTOL 领域的明星"独角兽"。为了进一步扩大业务规模、加速商业化进程，沃格科普特公司于 2020 年 12 月开始筹划通过特殊目的收购公司（SPAC）方式借壳上市。但在 SPAC 介入后，各方风险评估显著滞后于新兴行业市场的剧烈波动，最终导致沃格科普特公司上市计划流产，大笔资金投入付诸流水，公司也于 2024 年年底宣布破产。

一是技术风险评估失准。沃格科普特公司的核心业务是研发和生产 eVTOL 飞行器，技术的成熟度和可靠性是其商业成功的关键。然而，在上市筹备过程中，SPAC 及其他投资者对低空飞行器技术细节不甚了解，且未能对技术前沿动态以及沃格科普特公司的研发一线进行深入调研，因而过于乐观地估计了技术成熟度与未来市场空间。事实上，沃格科普特公司创始团队将大笔注资用于研发试错，其核心产品研发严重滞后于预期。沃格科普特公司原计划在 2024 年巴黎奥运会实现空中出

租车运营，并成功借助宣传取得了航线审批及试验飞行，但却未能按时完成电机适航认证，意味着其产品研发存在底层逻辑方面的根本问题，成为了 Volocopter 上市失败、最终破产的根本原因。

二是财务风险管控不力。基于上述问题，加上其机构过于庞大、员工数量远高于行业平均水平，沃格科普特公司的运营成本居高不下，但由于核心产品商业化进程缓慢，收入增长乏力，导致财务状况持续恶化。同时，其商业模式可持续性不强，始终以空中出租车测试等后市场服务业务为主要盈利来源。而 SPAC 在尽职调查时，过度关注其产品愿景和技术蓝图，未能考虑到高昂研发成本、运营成本以及市场需求不确定性等因素对公司生存的长期影响，对其财务风险管控不力，在 Volocopter 面临资金短缺和财务困境时，无法及时采取措施应对，进一步加剧了财务风险。

三是市场风险变化误判。一方面，eVTOL 作为新兴市场，既具有巨大发展潜力，也呈现"群雄逐鹿"式的激烈竞争。SPAC 及投资者在推动 Volocopter 上市时，未对 Joby、Archer 等竞品公司的快速发展进行评估，使其策略缺乏前瞻性和及时性，耗时 2 年之久仍未完成上市计划。另一方面，SPAC 市场也于 2021 年发生变化，美国证券交易委员会审查收紧，使投资者对沃格科普特公司上市后的后续融资预期发生变化，投资热情下降、股东赎回严重。SPAC 同样未对上市及后续融资方案进行调整优化，导致了上市计划的最终流产。

沃格科普特公司的 SPAC 上市失败暴露了科技项目资本化路径中的典型陷阱：技术认知与市场现实脱节。对 eVTOL 技术成熟度的误判叠加 SPAC 资本市场的退潮，最终导致估值泡沫破裂。这一案例表明，科技金融的资本运作必须基于技术—市场—政策三重验证：技术需通过独立第三方可行性评估，市场需基于真实场景的商业模式验证，资本退出路径则需与监管趋势同步校准。

➢**Theranos：科技创新"隐身"成为欺诈"遮羞布"，科技金融投资的真实性呼唤全流程化、专业化、精细化评估调查**

在科技创新蓬勃发展的当下，隐身模式（stealth mode）作为一种常见的商业策略，被众多企业广泛采用。企业借助这一模式，在发展初期对自身的核心技术、产品研发、业务模式等关键信息进行严格保密，旨在保护商业机密、规避竞争风险，待时机成熟后再向市场全面披露，从而实现竞争优势的最大化。然而，这一模式在带来潜在优势的同时，也蕴含着不容忽视的金融风险。其中，Theranos 公司就极具代表性。该公司自创立之初便宣称研发出了一项革命性的血液检测技术、有望彻底颠覆传统的医疗检测行业格局，并在发展进程中始终对技术细节、产品研发进度以及内部运营状况等关键信息高度保密，借此吸引了甲骨文、富达投资等知名金融机构的巨额投资，却在后续被曝光存在严重的技术欺诈行为，致使投资者遭受了巨大的经济损失。这一事件对金融市场造成了强烈冲击，也对金融机构在科技创新投融资领域的风险管理敲响了警钟。

一方面，在隐身模式下，金融机构获取企业真实信息的难度显著增加，难以对企业的技术实力、市场前景和商业价值进行精准评估。Theranos 利用隐身模式的隐蔽性，成功掩盖了其技术欺诈的事实，使得投资者难以获取关于产品真实情况的关键信息。金融机构在开展尽职调查时，由于缺乏足够的信息支持，往往只能依赖企业提供的宣传资料和创始人的口头承诺，无法对企业的技术可行性、商业可持续性以及潜在风险进行深入、全面的分析。这导致金融机构在投资决策过程中，过度依赖企业所描绘的美好愿景和创始人的个人魅力，而严重忽视了对风险的识别、评估和控制。

另一方面，隐身模式也极大地增加了金融机构投后管理的难度。由于无法及时、准确地掌握企业的运营状况和技术进展，金融机构难以对企业进行有效的监督和管理。在 Theranos 的案例中，投资者在投入资金后，对公司的内部运营情况知之甚少，无法及时察觉公司存在的问题并采取相应的应对措施。当问题全面爆发时，已经错失了最佳的风险处置时机，投资者的损失已无法挽回。

Theranos 为科技金融风险管理提供了深刻的警示。金融机构在面对采用隐身模式的科技创新企业时，必须保持高度的警惕性，强化评估调查的深度和广度。不能仅仅依赖企业提供的表面信息，而应通过多元化的渠道收集企业的真实情况，运用科学的方法和严谨的态度对企业的技术实力、市场前景和商业价值进行全面、客观、定量与定性相结合的系统评估。同时，金融机构要进一步完善投后管理机制，建立健全有效的监督体系，确保能够及时、准确地掌握企业的运营动态和技术进展，以便在发现问题的第一时间采取有效的风险应对措施，最大限度地降低投资风险。

第五章

科技金融的国际发展模式与未来展望

科技金融，紧密连接着科技创新与金融资本，肩负着为科技企业成长注入资金活力、加速科技成果转化落地、助力高新技术产业蓬勃发展的重任。无论是发达国家还是新兴经济体，都在积极探索适合本国国情的科技金融发展模式，力求在全球科技竞争浪潮中抢占先机。本章将回顾科技金融的全球发展，总结美国、德国、日本、以色列、加拿大、新加坡等国家在科技金融领域的发展模式，并展望我国科技金融未来5年的发展趋势和发展方向，为科技金融的长远发展提供战略思考。

第一节　世界上主要国家的科技金融 体系与模式总结

82. 美国的科技金融发展模式 有哪些特点?

一是创新驱动的风险投资体系。风险投资(Venture Capital, VC)是美国科技金融的重要组成部分,它为早期和成长阶段的创新型科技企业提供资金支持。美国的风险投资市场十分成熟,拥有大量的风险投资公司,资金池庞大且多样化。硅谷作为全球科技创新和风险投资的中心,集中了大量的投资机构、创新型企业和人才。风险投资公司不仅提供资金支持,还能为创业公司提供战略指导、市场拓展、行业资源等增值服务。美国的科技金融体系还包括大量的加速器(如 YCombinator、500Startups)和孵化器,这些平台通过提供资金、技术支持、商业模式指导等帮助创业公司快速成长。

二是科技与资本市场的紧密联系。美国的纳斯达克和纽约证券交易所等资本市场提供了多种融资渠道，尤其是科技型企业的上市。例如，纳斯达克汇聚了大量的科技公司，包括苹果、谷歌、微软、脸书（Facebook）等，资本市场为科技企业提供了融资、资本重组和市场流动性等重要服务。美国的科技公司通过首次公开募股（IPO）获取资金，进入资本市场发展。近年来，美国还出现了特殊目的收购公司（SPAC）的融资模式，这种模式通过并购方式让科技公司快速上市，进一步推动了科技企业的快速发展。

三是成熟的债务融资市场支撑。美国的科技企业也能够通过发行创新型债券（如可转换债券、科技债券等）在债务市场获得资金。这为科技公司提供了除了股权融资外的另一种资本选择，特别适合一些已经有一定规模但又不希望稀释股权的企业。美国的信用评级体系高度成熟，科技企业通过债务融资时能够借助信用评级机构（如标准普尔、穆迪等）的评级，使其融资过程更加透明和规范。

四是政府政策与金融支持相结合。美国政府通过多种方式支持科技金融的发展。美国国家科学基金会（NSF）、美国能源部（DOE）等政府部门为科技创新型企业提供资金资助，尤其是那些具有长期技术研发周期和高风险的项目。此外，美国中小企业管理局（SBA）也为中小科技企业提供贷款支持，推动科技创新在各个行业的普及。美国政府还提供了一系列的税收激励政策，如研发税收优惠，这些政策促进了创新型企业的技术研发和生产力提升，从而推动了科技金融的可持续发展。

五是金融科技与传统金融的深度融合。美国是全球金融科技的重要发展区域，金融科技（FinTech）通过大数据、人工智能、区块链等技术革新传统金融服务，推动了资金的高效流动与资源配置。例如，贝宝（PayPal）、Square、Stripe等公司在支付、借贷、保险等领域创造了新的商业模式。美国的金融科技公司积极探索去中心化金融（DeFi）领域，通过区块链技术将传统的金融服务去中心化，提升了交易透明度和降低了成本。这不仅提升了金融服务的效率，也为科技金融的创新提供了新的动力。

六是知识产权金融的快速发展。美国的科技公司通常会将专利、商标、版权等知识产权作为抵押物进行融资，这使得技术型企业能够在没有传统资产支持的情况下，通过知识产权进行资金筹集。这种方式使科技企业能够充分利用其无形资产，从而获得更多的发展机会。美国的科技金融市场已逐步发展出将知识产权进行证券化的模式，为科技企业的创新成果提供了新的融资途径。

七是跨界合作与产业链金融。美国科技金融的一个显著特点是跨界合作。例如，科技公司与传统银行、保险公司等金融机构进行深度合作，推动了金融服务的创新。科技公司在提供金融服务时利用其大数据分析能力，帮助金融机构提高风险控制和客户管理水平。美国的科技金融不仅仅集中在科技公司本身，也包括相关产业链上下游的金融服务。例如，科技公司可以利用供应链金融、应收账款融资等模式为供应商和客户提供资金支持，推动产业链的整体发展。

八是金融监管创新与完善的法律框架。美国的金融监管体系非常成熟，尤其是在科技金融领域，政府通过建立清晰的法律框架和监管政策来保护创新企业的知识产权、避免金融风险的传递。美国证券交易委员会（SEC）和商品期货交易委员会（CFTC）等机构负责监管创新型科技公司，确保资本市场的公平、透明与有效。美国的监管体系在推动金融创新的同时，注重合规性和风险控制。例如，针对加密货币等新兴科技金融领域的监管，虽然美国出台了很多针对性的政策，但依然鼓励创新与合规发展，保持了创新和监管的平衡。

综上所述，美国科技金融的发展模式表明，科技与金融的深度融合离不开多方面的因素，包括完善的资本市场、成熟的风险投资体系、政府政策支持、金融科技创新、跨界合作，以及健全的法律与监管框架，为其他国家和地区提供了可借鉴的路径，尤其在创新金融产品、风险投资模式、融资渠道等方面，具有重要的参考价值。

83. 德国的科技金融发展模式有哪些特点？

德国的科技金融发展模式有其独特的特点，结合了德国传统的工业强国背景、稳定的金融体系、严谨的法治环境和创新驱动的科技生态。与美国的科技金融模式相比，德国更加注重实体经济与高技术产业的结合，以及如何通过稳定的金融机制为创新型企业提供资金支持。

一是稳健的银行主导型金融体系。与美国的风险投资主导型体系不同，德国的金融体系更依赖于银行，尤其是地方性的储蓄银行（Sparkassen）等，这些银行通常会为科技创新型企业提供融资支持。德国的银行体系强调稳定、长期的资本支持，而不是快速回报。德国拥有一系列信用担保机构，这些机构通过提供担保和低息贷款，帮助初创企业克服资金短缺的问题，尤其是在早期阶段。这种支持有助于科技公司和小型企业的创新发展。德国复兴信贷银行（KfW）是德国的重要金融机构之一，其不仅为传统工业领域提供资金，也为高科技产业、创新项目提供支持。KfW银行提供的低息贷款、技术创新资金等使得科技企业能够在初期获得必要的资金支持，促进了科技型企业的成长。

二是创新型科技创业支持体系。德国在科技金融领域非常注重为创业公司提供支持，尤其是在初创企业阶段。德国有很多科技孵化器和加速器，以柏林创业基金会平台（Berlin Startup Stipendium）、Tec2b 等为代表，这些平台可以为初创企业提供资金支持、技术咨询、市场拓展等帮助。此外，德国在柏林、慕尼黑、法兰克福等城市均建设了高科技园区和创新集群，推动科技企业的集聚效应，吸引金融机构的投资，通过政府与金融机构的合作，科技企业可以获得从种子资金到股权融资等多样化的金融支持。德国的风险投资市场相对较为保守，但近年来也逐步发展出针对高科技企业的资金池。例如，高科技企业基金会（High-Tech Gründerfonds，HTGF）是德国最大的种子阶段风险投资基金之一，专门投资于高科技领域，尤其是面向生物技术、信息技术、绿色技术等创新领域。

三是政府政策和金融创新支持。德国政府通过多种途径鼓励科技创新，制定有利的税收政策、创新补贴、贷款担保等措施，降低了企业融资的难度。德国拥有多个由政府支持的技术创新基金，这些基金专门为具有技术创新潜力的企业提供资金，尤其是那些推动社会可持续发展和技术突破的项目。这些基金通常由政府直接设立，并通过公私合营方式进行管理。德国的研发税收优惠政策鼓励企业加大科技创新投入，同时提供资金上的税收减免，特别是对于初创科技企业，这一政策能够显著降低其初期的财务压力。

四是强大的知识产权保护体系。德国的科技金融体系注重知识产权的保护和融资应用。许多科技型企业依托专利、商标等知识产权进行融资，德国的专利担保融资模式非常成熟，企业可以通过将知识产权质押，获取银行贷款或融资。在德国，科技企业的技术和知识产权往往被视为最有价值的资产之一，通过创新型融资模式，企业可以将其技术专利、商标、版权等作为融资基础，进入资本市场或获得金融机构的信贷支持，极大地促进了科技企业的创新活动和技术研发。

五是绿色金融与科技金融结合。德国是全球领先的绿色金融国家之一，尤其在推动可持续科技和环保技术领域。德国的科技金融模式强调支持环境友好的创新和绿色技术企业的融资。例如，政府与金融机构通过绿色债券、绿色基金等形式，资助可持续发展的科技项目。德国政府通过制定一系列绿色金融政策，鼓励银行和投资机构投向绿色科技领域。对于从事环保技术和清洁能源的科技企业，金融机构提供低息贷款或特殊融资渠道，推动绿色科技的创新与产业化。

六是资本市场与科技公司融资。虽然德国的风险投资市场相对较小，但德国拥有非常稳健的资本市场，特别是法兰克福证券交易所。越来越多的科技公司通过在德国证券市场上市（尤其是在创业板）来获得融资。德国的科技企业除了依靠股权融资外，还通过发行公司债券等方式进行融资。德国债务市场较为成熟，尤其是科技公司通过债券融资获得长期资金，支持技术研发和市场扩展。

七是金融科技与传统银行业务结合。德国是欧洲金融科技的重要市场之一，金融科技（FinTech）在德国取得了快速发展。德国的 N26 银行、Trade Republic 等金融科技公司利用大数据、人工智能、区块链等技术，推动了金融服务的数字化转型，并提供了针对科技型企业和创业者的创新金融产品。德国的传统银行也在与金融科技公司进行合作，利用其技术优势来提升银行服务效率。例如，德意志银行等大银行开始与金融科技企业合作，共同推出数字化金融产品，提升银行的科技金融能力。

八是高效的金融监管与法治环境。德国的金融市场监管体系非常健全，科技金融的发展在严格的法律框架下进行。德国拥有一套透明且严格的金融监管政策，确保投资者、企业以及金融机构的利益得到保护，避免金融市场的过度风险。例如，德国联邦金融监管局（BaFin）作为金融市场的监管机构，为创新金融产品和服务提供了明确的监管框架，有效避免了科技金融领域的过度创新带来的风险，确保金融市场的透明度与公平性。

综上概述，德国的科技金融发展模式在稳定的银行体系、政府支持与政策引导、知识产权金融、绿色金融等方面具有独特的优势，其重点不仅放在技术创新和金融创新的结合上，还特别关注实体经济与创新型企业的深度融合。在推动科技创新、支持初创企业、促进绿色技术发展以及加强金融监管等方面，德国提供了很多有价值的经验，特别是在支持高技术领域和绿色技术领域的科技金融创新上具有明显的特色。

84. 日本的科技金融发展模式 有哪些特点？

日本的科技金融发展模式具有鲜明的特点，结合了传统工业基础、技术创新、政府支持和金融体系的稳定性。日本的科技金融体系不仅注重科技创新，还强调如何将科技与金融资源有效结合，以支持实体经济和高科技产业的发展。

一是政府主导的科技创新支持体系。日本政府在推动科技金融方面发挥了重要作用，特别是通过日本产业创新机构（NEDO）、日本银行（BOJ）、日本开发银行（DBJ）等政府资助机构，通过提供低息贷款、风险补偿和技术资助等方式，为科技型企业提供资金支持，降低了科技企业的融资成本，促进了技术创新和产业化。日本政府通过产业投资基金、创新资金支持计划等多种形式，为处于不同发展阶段的科技企业提供资金支持。例如，J-Startup 计划通过扶持有潜力的初创科技公司，推动技术创新和国际化发展。日本对科技创新企业的税收提供了大量激励措施，包括研发税收优惠，鼓励企业进行技术研发。这些政策支持有效激励了企业加大对科技创新的投资。

二是企业资本与银行体系的深度结合。与美国风险投资主导型体系不同，日本的科技金融更加依赖于银行体系，尤其是地方银行和政策性银行。日本的银行提供的低息贷款和长期资金为科技企业提供了稳定的资金来源。金融机构通常与政府部门合作，降低创新型企业的融资成本，促进创新型企业的生存和发展。日本的银行对创新型企业提供特别的贷款产品，如技术融资贷款，通过对企业技术资产、知识产权的评估，提供更灵活的贷款支持。这使得那些拥有核心技术但缺乏传统资产的科技公司能够获得资金。日本政策金融公库积极参与对科技企业的资金支持，尤其是在半导体、机器人、清洁能源等高技术领域，日本的银行通过提供定向贷款和融资支持，推动科技型企业的快速发展。

三是风险资本与创投环境。虽然日本的风险投资市场相比美国略显保守，但近年来随着政府对创新企业的支持和对风险投资环境的改善，创投市场逐渐成熟。日本的杰富瑞公司（JAFCO）、思伯益（SBI）投资等知名风险投资公司，专注于对科技型企业进行股权投资，不仅提供资金支持，还为初创企业提供战略咨询、市场扩展等增值服务。日本政府通过设立日本创新基金（Japan Innovation Fund）等创新引导基金，加快技术成果的市场化，为科技初创企业提供资金支持，并推动日本科技创新企业的国际化。近年来，日本的创业环境和创投氛围得到改善，特别是在东京、大阪等科技创新中心，初创企业能够更容易获得资金支持。政府与风险投资机构的合作，推动了初创企业的融资能力和成长速度。

四是高科技领域的专项金融支持。日本是全球绿色金融的领先者之一，尤其是在推动清洁能源、环保技术和可持续发展领域，政府通过绿色债券、绿色基金等渠道，提供科技金融资金支持。日本的科技金融支持体系鼓励科技企业开发环保技术，并通过资本市场和银行体系提供绿色资金支持。在日本，企业的知识产权被视为一种重要的资产，许多科技型企业通过专利融资和技术转移等方式，利用其技术优势获得资金，这对于没有传统实物资产的高科技企业尤为重要。日本的企业、大学和研究机构通过知识产权证券化等方式进行融资，推动技术成果的商业化和产业化。为了支持可持续技术的研发，日本政府和金融机构设立了清洁技术基金，通过投资于清洁能源、智能电网、废物管理等领域的科技公司，推动绿色科技的发展。

五是金融科技的创新与发展。近年来，日本的金融科技行业发展迅速，成为推动科技金融创新的重要力量。金融科技企业利用大数据、人工智能、区块链等技术，创新了支付、借贷、资产管理等金融服务。这些企业不仅为个人和中小企业提供金融服务，还推动了金融服务的数字化转型。日本在区块链技术和数字货币方面具有较高的应用水平。政府对数字货币的监管较为宽松，并推动区块链技术的商业化应用，一些大型银行和金融机构通过与金融科技公司合作，使用区块链技术优化支付流程和交易结算系统，提高了金融服务的效率。日本的智能支付技术得到了快速发展，如 QR 码支付、NFC 支付等已经普遍应用，通过这些创新支付方式，金融服务与科技的结合不仅提升了交易效率，也推动了经济的数字化。

六是产业合作与科技金融生态建设。日本的科技金融模式强调产学研结合，即政府、学术界和企业的合作。大学科技园区、创新孵化器和技术转移中心等机构，通过提供资金、技术支持和市场推广，促进了科技成果的产业化，推动科技型企业快速成长。日本的科技金融体系不仅仅局限于企业和银行之间的合作，还包括产业链的上下游企业的合作。制造业企业与高科技公司合作，共同进行技术研发和产品创新，可以加速科技企业的成长，并使其能够在全球竞争中脱颖而出。

七是金融监管与法律环境。日本拥有高度完善的金融监管体系，金融机构、投资者、企业和消费者在金融市场中的权益受到充分保护。日本的金融厅、日本银行等金融服务监管机构在推动科技金融创新的同时，确保金融市场的透明度和安全性。日本对科技金融领域的创新产品有明确的法律保障，针对金融科技和数字货币的法规，为创新型金融产品的推出提供了法律框架。政府监管机构密切关注金融创新，确保新产品能够合法合规地进入市场。

综上所述，日本的科技金融发展模式具有独特的特点，政府主导和银行体系结合的模式为科技创新型企业提供了资金支持，并推动了技术创新的产业化和市场化。日本政府通过设立创新基金、提供税收激励、推动绿色金融等手段支持科技企业的成长，同时也鼓励金融科技的发展，提升了金融服务的效率和创新性。

银行主导型金融体系、绿色金融、知识产权融资和政府政策支持
等要素共同推动了日本科技金融的健康发展。

85. 以色列的科技金融发展模式
有哪些特点？

以色列是全球公认的科技创新强国，其科技金融体系也有独
特的发展模式，特别是在高科技产业的融资、创新企业的成长、
风险投资和政府政策支持方面的创新和实践。

一是创新生态系统与政府支持。以色列政府在推动科技创新
方面发挥了核心作用，尤其是在科技金融领域。政府通过设立政
府机构和政策性资金，为科技型企业提供了强有力的支持。以色
列创新局（IIA）和以色列出口投资公司（SII）等机构，通过提
供低息贷款、研发补贴以及其他形式的财政支持，降低了初创企
业的创新成本。此外，以色列政府还通过实施有利于创新型企业
的税收政策，尤其是研发税收优惠，鼓励企业加大研发投入，不
仅促进了科技创新的提升，还吸引了大量外资进入科技领域。以
色列的加速器和孵化器模式非常成熟，政府、私营部门和学术界
共同合作，推动初创企业的快速成长。以色列 1993 年提出的优
兹玛（Yozma）计划便是通过政府资助的风险投资基金，成功培
育了一批优秀的高科技公司，并通过引导私营部门投资，帮助以

色列建立起了全球领先的创新创业生态系统。

二是风险投资与创投环境。以色列的科技金融体系以风险投资（VC）为核心，构建了成熟的创投市场。以色列的风险投资市场以高科技行业为主要投资方向，涵盖软件、硬件、生命科学、清洁能源等领域。以色列的 VC 机构，如皮坦戈创投（Pitango Venture Capital）、创世纪风险投资（Genesis Partners）等，不仅提供资金支持，还为初创企业提供战略咨询、市场推广以及后期发展所需的资源。由于以色列创新型企业的高质量和高成长性，外资（尤其是来自美国、欧洲和亚洲的风险投资基金）大规模进入以色列市场。以色列的创投机构与全球投资者紧密合作，使得科技企业可以在国际市场中获得更多资金支持。同时，跨国公司（如英特尔、微软等）在以色列的研发中心投资，并参与早期企业的融资，促进了以色列科技企业的全球化发展。以色列的科技企业通常通过并购（M&A）或者上市（IPO）等方式退出，这为投资者提供了高效的回报机制。这种退出机制吸引了大量投资者进入，以色列的创投市场也因此获得了更高的活跃度。

三是技术驱动型金融产品与服务。以色列的科技企业往往依赖于技术资产进行融资，尤其是在初创阶段。企业可以通过技术资产融资（如专利融资）或将知识产权作为质押物获得贷款。这种融资方式使得那些没有传统资产但拥有核心技术的初创企业能够获得资本支持。随着科技的发展，以色列也积极推动金融科技领域的创新。通过应用大数据、人工智能、区块链等技术，提供更高效、透明的金融服务。例如，以色列的 Payoneer 和 Via 等金融科技公司，利用技术创新提高了跨境支付的效率，促进了国际贸易和投资。

四是科技金融与产业合作。以色列的科技金融体系与工业界紧密结合，通过跨行业合作、技术合作和市场拓展，促进了技术的应用和产业的升级。以色列的科技公司与军工、农业、医疗等传统产业深度融合，将高科技成果转化为市场产品。以色列的军民融合是其科技创新和科技金融体系的重要特色，以色列军方的技术创新成果转化为民用产品，进而推动了高科技产业的发展。许多以色列的初创公司，比如以色列无人机公司、网络安全公司，最初都是依托于军事技术发展起来的，后来逐步拓展到民用市场。政府对军民融合的科技项目给予了资金支持，促进了创新企业的快速成长。

五是金融监管与创新环境。以色列的金融监管体系相对灵活且创新，尤其在科技金融领域，政府鼓励创新金融产品的推出。以色列金融监管机构通过鼓励金融科技企业的发展，促进了金融服务的数字化转型。以特拉维夫证券交易所（TASE）为代表的以色列资本市场对创新企业非常友好，尤其对科技型企业、初创公司、科技股等进行了专门的支持政策。以色列的资本市场为高科技企业的融资提供了良好的环境，并通过公开市场为企业提供了一个透明且高效的融资渠道。

六是国际化与全球资本流动。以色列的科技企业具有强烈的国际化趋势，尤其在风险投资和融资方面，全球资本涌入以色列市场，推动了科技企业的快速发展。以色列的科技企业不仅在本国市场发展，还积极进军国际市场，尤其在美国、欧洲、亚洲等市场，经常通过与全球企业的并购交易实现快速扩展。以色列的风险投资机构与跨国企业建立了紧密的合作关系，促进了创新技术的全球应用。

七是社会文化与创新精神。以色列拥有浓厚的创新文化和企业家精神，鼓励个人和团队创造性地解决问题。科技金融体系与创新文化紧密结合，推动了大量初创公司和技术创新的产生。以色列政府通过教育系统、科研机构和企业孵化器等多种途径，培育了大量具有创新意识和全球视野的企业家。此外，高等教育和科研机构为科技金融提供了坚实的基础，许多科技型企业的创始人和核心团队成员来自以色列的高等院校和研究机构，其学术背景和科研资源为以色列的科技企业提供了强大的技术支持。

综上所述，以色列的科技金融模式具有鲜明的政府主导性、风险投资主导性和对外开放合作主导性，在此基础上创新产品与服务、推动产学研融合发展，推动技术成果的转化和创新型企业的成长，在建设科技金融生态体系时，特别是针对高科技企业的支持，强化政府和金融机构的合作，并为创新型企业提供多元化的资金支持。

86. 加拿大的科技金融发展模式
有哪些特点？

　　加拿大在推动科技创新、支持创业和科技企业成长方面的金融体系，充分体现了政府政策、金融市场和技术创新的紧密结合。

　　一是政府主导的科技创新政策与支持。加拿大政府通过创新、科学和经济发展部（ISED）为科技公司提供多种形式的支持，包括研发补助、创新融资和政府担保贷款等，帮助科技公司在早期阶段获得资金支持，减少财务压力，在新技术或新产品开发时通过提供项目资助、技术研发支持以及资金拨款，鼓励企业与学术界、研究机构的合作，推动技术创新和产业转型。加拿大创新基金会（CFI）特别关注基础科研的商业化，国家研究委员会（NRC）则专注于推动高科技企业在国内外市场的扩展。

　　二是风险投资和创业资本的支持。加拿大的科技企业在初创阶段通常依赖于风险投资和天使投资的支持，这些投资为企业的研发、市场扩展和产品创新提供了资金保障。加拿大拥有成熟的风险投资市场，特别是在多伦多、温哥华、蒙特利尔等科技创新中心，许多科技初创企业通过风险投资获得了快速增长的资金支持。例如，Venture Communications 和 BDC Venture Capital 等投资机构专注于为高科技初创企业提供资金、商业发展和市场推广支持。加拿大的天使投资市场活跃，许多天使投资者为早期阶段的高科技公司提供资金，并在商业模式、市场拓展等方面提供支持。Communitech、MaRS Discovery District 等孵化器和加速器为创业者提供了资金、技术、法律等全方位支持，帮助初创企业实现可持续发展。

三是政府担保贷款和补贴政策。加拿大政府通过贷款担保、税收优惠和补贴等手段，鼓励金融机构为科技企业提供资金支持，降低企业融资成本，推动科技创新的产业化。加拿大创新贷款计划（IRAP）是由国家研究委员会管理的一项贷款计划，旨在为中小型科技公司提供低利率贷款，帮助他们进行产品研发、市场推广以及商业化活动。该计划通过政府担保和贷款利息支持，为企业提供了风险较低的融资方式。研发税收优惠计划是加拿大政府提供的一项税收减免政策，鼓励企业进行研发活动，符合条件的科技企业可以享受相当可观的税收返还，减轻研发过程中所面临的财务压力，该计划不仅适用于大公司，也支持中小型企业和初创公司。

四是科技企业股权融资和资本市场的支持。加拿大的资本市场为科技企业提供了多种融资渠道，帮助企业扩大规模、进入资本市场，促进技术创新和产业发展。多伦多证券交易所是全球最大的新兴市场交易所之一，提供了创业板（TSXV）来支持科技和初创公司上市。通过股权融资，科技企业可以获得资金，同时提高其品牌知名度和市场竞争力。多伦多证券交易所（TSX）与创业板（TSXV）为加拿大及全球的投资者提供了投资科技企业的机会，并为企业提供了更广泛的资金来源。加拿大皇家银行（RBC）、蒙特利尔银行（BMO）等主要金融机构，积极参与科技企业的股权投资，并为其提供战略支持，不仅为科技公司提供融资，还参与科技项目的孵化和指导，推动科技企业的成长。

五是促进跨行业合作与全球化布局。加拿大科技金融模式强调跨行业合作，特别是科技企业与传统行业、金融机构之间的深度融合，以及与国际市场的联系。这种合作推动了加拿大科技金融的发展，同时为科技公司提供了更多的市场机会和合作伙伴。在加拿大，科技企业和金融机构紧密合作，推动金融科技的创新。例如，金融科技增长计划（Fintech Growth）在加拿大发展迅速，通过与金融服务、保险、支付等行业的深度融合，推动了金融服务的数字化转型和创新。加拿大的科技企业积极参与国际市场，尤其是在人工智能、大数据、区块链等前沿技术领域，推动跨国合作与创新。加拿大不仅在本土市场积累了技术和市场经验，还通过与全球科技企业和机构的合作，推动本国科技产品的国际化发展。

六是数字基础设施与技术创新的推动。加拿大在推动科技金融的过程中，强调基础设施建设和技术创新的推动，提升了金融服务的效率、覆盖面和创新能力。加拿大的支付行业近年来发生了巨大变化，许多金融科技公司推出了创新的支付产品和服务，支持移动支付、数字货币交易等技术的应用。Interac 是加拿大领先的电子支付网络，通过提供安全、快捷的支付解决方案，推动了加拿大支付系统的现代化。随着金融科技的蓬勃发展，数据安全和隐私保护成为关键议题。加拿大政府和科技企业在这一领域做了大量工作，确保金融科技产品的合规性和数据的安全性。例如，加拿大实施了严格的数据保护法案，《个人信息保护和电子文件法》（PIPEDA）为金融科技企业的安全性提供保障。

综上所述，加拿大的科技金融发展模式融合了政府支持、市场化融资、跨行业合作和全球化布局等多方面因素，在政府政策的支持下，加拿大通过创新基金、税收优惠、风险投资和创业资本等手段，为科技企业提供了丰富的资金支持。同时，加拿大重视金融与科技的深度融合，推动金融科技、绿色金融、社会影响投资等新兴领域的发展，其科技金融体系在促进科技创新、推动经济增长、提升全球竞争力方面发挥了重要作用。

87. 新加坡的科技金融发展模式有哪些特点？

新加坡作为全球重要的金融中心之一，近年来在科技金融领域取得了显著成就。新加坡的科技金融发展模式在全球范围内具有示范性，尤其是在政府支持、跨界协同以及国际化发展等方面。

一是政府主导的政策引导与支持。新加坡政府在推动科技金融发展方面扮演着关键角色，通过制定积极的政策和提供多层次的金融支持，推动了金融科技领域的快速发展。新加坡金融管理局（Monetary Authority of Singapore，MAS）是科技金融发展的核心监管机构，致力于创造一个既支持创新又保障金融稳定的环境。金融管理局推出了多个创新的监管框架，包括监管沙箱（Sandbox），允许金融科技公司在受控的环境下测试新产品和服务，从而降低了创新过程中的风险。此外，新加坡政府通过设立专项基金和投资机构支持科技企业发展，SG 创新（SG Innovate）和新加坡企业发展局（Enterprise Singapore）等机构通过提供资金支持、市场开拓以及创新服务，促进科技企业与金融机构的合作。

二是金融科技驱动的科技金融。新加坡的科技金融体系强调金融科技的重要性，借助金融科技创新推动了整个金融行业的数字化转型，并通过设立金融科技基金（如 FinTech Fund）等金融产品，为科技创新企业提供资金支持。区块链、人工智能、大数据分析、数字支付等金融科技的应用和集成，不仅提升了银行、保险、支付、证券等传统金融业务的效率，还催生了新的金融服务模式，如数字银行、P2P 借贷、数字资产管理等。新加坡的金融科技创新不仅服务本地市场，还扩展到东南亚及全球。以此为基础，新加坡推动了区域内外的金融互联互通，特别是在跨境支付领域，新加坡的 PayNow、GrabPay 等数字支付平台在东南亚地区的普及，大大提升了金融服务的可达性和便利性。

三是跨界协同与产业合作。新加坡的科技金融发展模式强调跨行业合作，政府、金融机构、科技公司及其他产业间的协同创新是其成功的关键之一。新加坡国立大学、南洋理工大学等高等院校和科研机构与金融行业紧密合作，推动科技研发与应用的转化，金融机构与科技企业深度合作，促进金融服务与科学技术的有机结合，推动了数字支付、智能合约、区块链、AI 风险评估等技术在金融领域的广泛应用。新加坡还将科技金融融入其智慧城市战略，利用数字技术提升公共服务、商业生态和社会管理，不仅促进了金融科技与数字经济的融合，还推动新加坡成为全球数字经济的领先城市之一。

四是风险投资与创业生态。新加坡的科技金融体系在风险投资和初创公司支持方面有显著的优势，推动了许多科技型金融公司的成长。新加坡拥有成熟的风险投资市场，许多风投基金将科技金融作为重要投资方向。谈马锡（Temasek）和新加坡政府投资公司（GIC）等政府支持的风投机构以及红杉资本（Sequoia Capital）等私募基金，积极投资新兴的科技公司，促进了科技金融的发展。此外，良好的创业生态系统为科技创业公司提供了包括资金、政策、市场等多方面的支持，新加坡政府通过税收优惠、创业孵化器和加速器等措施，吸引了大量国内外创新公司在新加坡落地，Plugand Play、Jungle Ventures等孵化器和加速器，在技术支持、资源共享和市场接入等方面形成了重要成果。由于新加坡的政策透明、市场开放，许多全球知名的风险投资基金选择在新加坡设立基金并投资东南亚地区的科技金融企业，这为本地科技金融公司提供了巨大的资本支持。

五是金融监管科技的发展。新加坡致力于在创新的同时保持金融系统的稳定性和安全性，金融管理局推出了全球领先的监管沙箱（Regulatory Sandbox），鼓励金融科技公司在受监管的环境中测试创新金融产品和服务，帮助初创公司在合规的框架下实验新技术，为金融创新提供了安全的试验平台。新加坡在监管创新方面也走在全球前沿，运用人工智能、大数据分析等技术提升监管效率，金融管理局通过数据监测平台实时跟踪金融市场风险，利用人工智能进行反洗钱监测、欺诈检测等工作，提升了金融系统的透明度和安全性。

六是国际化与全球合作。新加坡积极推动与全球金融科技创新的合作，特别是在与亚洲、欧洲和北美的金融市场互动方面。新加坡参与了全球金融科技的相关标准制定，并通过合作推动数字支付、跨境融资等领域的技术应用与市场拓展，尤其是通过与东南亚国家建立多边支付平台和金融服务网络，推动了区域内的金融合作与创新。

第二节　面向未来我国科技金融的发展形势分析

88. 我国科技金融未来 5 年面临哪些新的形势？

我国科技金融在未来 5 年将面临前所未有的机遇，尤其是在技术创新、资本市场开放、绿色金融等领域的推动下。一是科技创新和产业升级的推动。我国正处于经济结构转型和产业升级的关键阶段，科技创新将成为经济增长的重要引擎。科技金融将为新兴产业提供融资支持，尤其是人工智能、量子计算、半导体、新能源、生物医药等高科技领域。随着 5G、人工智能、大数据、物联网等技术的成熟，我国企业在这些领域的创新不断涌现，科技金融将加速资金对这些领域的流动，支持我国高科技产业链的整合与优化，尤其是加速产业园区、创新平台和创业生态圈的建设，推动技术研发、市场应用和资本的紧密对接。二是资本市场的进一步开放与创新。随着科创板、创业板等资本市场的快速发展，将为科创企业提供更多的融资渠道和发展平台。科创板的成功为更多创新型企业提供了上市融资机会，未来可能会有更多的科技企业登陆资本市场，尤其是新能源、半导体、生命科学等领域的龙头企业。除了传统的股票融资外，债券、股权众筹、资产证券化等新型融资工具可能会进一步创新并成熟，支持更多创新型企业的融资需求。三是金融科技的深化应用。随着我国金融科技的快速发展，金融科技将成为科技金融的一个重要支撑，推动融资渠道和模式的多样化。央行数字货币和区块链技术将为科技金融带来新的机遇，尤其是在跨境支付、智能合约、资产证券化等方面的应用，将优化金融服务，降低交易成本，提高效率。人工智能、大数据和机器学习技术将助力投资机构更精准地评估科创企业的融资需求，降低投资风险，提高决策效率。四是国际化发展与跨境资本流动。在全球化背景下，我国科技金融将进一步向国际化迈进，吸引海外资本，并帮助国内企业走向国际市场。未来5年，我国的资本市场将继续开放，吸引外国资本进入我国的科创领域，同时也为我国企业提供更广阔的国际融资渠道。跨境资本流动和国际化投资将促进科技创新的全球化，我国企业将能够在海外市场筹集资金，推动全球科技创新合作。

然而，市场竞争、政策不确定性、融资难题以及人才短缺等挑战仍然存在。一是科创企业融资难、融资贵的问题依然存在。尽管我国科技金融正在不断发展，但科创企业尤其是早期创新型企业的融资难度和融资成本仍然较高。风险投资机构仍然偏好成熟企业或已有市场基础的公司，许多早期科创企业尤其是技术研发型企业难以获得足够的资金支持。尽管资本市场高速发展，但对于初创科技企业来说，资本市场仍然存在门槛，银行等传统金融机构也往往难以提供创新型企业所需的金融服务。二是政策支持和调整的风险。虽然我国政府已出台一系列支持科技创新的政策，但政策的变化可能会影响科创企业的融资环境。例如，税收政策、创新激励政策、产业政策等的变动可能会影响投资者的信心。科创企业如果过于依赖政府补贴和政策支持，可能会出现对市场机制的忽视，长期依赖政策而非市场需求进行创新。三是金融市场的过度竞争与泡沫风险。随着科技金融的火爆，市场上出现了一些过度竞争和过度炒作的现象。科创企业的估值可能存在泡沫，部分企业的实际盈利能力与资本市场的估值不匹配，容易导致资本市场的过度膨胀，一旦出现市场调整，可能会引发投资风险。一些初创企业可能由于资金过度注入，导致管理层难以有效控制企业的运营，增加了企业发展的不确定性。四是全球经济不确定性带来的挑战。外部环境的变化，尤其是全球经济的不确定性，将对我国的科技金融产生重要影响。中美贸易摩擦、全球供应链的波动、全球市场的不确定性等因素可能影响外资进入我国的科技金融领域，也可能影响我国企业走向国际市场的步伐。全球经济形势的变化可能导致资本市场波动，进而影响科创企业的融资成本和融资环境。五是科技创新人才短缺。科技创新是科技金融成功的基础，但我国仍面临科技创新人才短缺的挑战，尤其是在高端技术领域。部分高端科技人才流向海外或进入外资企业，国内高技术领域的研发力量不足，可能影响我国在全球科技创新领域的竞争力。科技创新人才的培养和教育体系可能无法快速适应新兴技术的需求，进一步加剧了人才的短缺问题。

未来，政府、金融机构和科技企业需要加强协同合作，打造更加健康、可持续的科技金融生态系统，以应对新的形势变化，加速科技金融创新发展。

89. 未来科技金融的政策环境将如何变化？

首先，未来政策的协同与创新是重要趋势，政府将继续加大对科技金融的财政投入，通过财政补贴、税收优惠、风险补偿等方式，引导金融机构增加对科技企业的支持，不断加强财政政策、货币政策、产业政策与科技金融政策的协同配合，形成政策合力。

其次，监管政策将不断完善和加强，以适应新金融业态的发展。随着金融科技的快速发展，数字货币、网络借贷、众筹等新金融业态不断涌现，监管政策将不断更新以适应这些变化。监管部门将更加关注科技金融领域的系统性风险，建立健全风险监测、预警和处置机制，确保金融市场的稳定运行。

此外，政策将促进金融机构与科技企业的深度融合。金融机构将被激励加大对科技金融的业务创新，开发适合科技企业特点的金融产品和服务模式。同时，支持金融机构利用大数据、人工智能、区块链等技术提升金融服务的效率和质量，实现精准营销、风险评估和客户服务等。

最后，区域与国际合作将不断深化。政府将进一步优化科技金融的区域布局，引导金融资源向科技创新活跃地区集聚，打造具有国际竞争力的科技金融创新中心。同时，积极参与国际科技金融规则的制定，加强与其他国家在金融科技、跨境投资、风险管理等方面的合作与交流，提升我国科技金融在国际上的影响力。

90. 未来科技金融的国际合作模式将如何发展？

未来科技金融的国际合作模式将会在全球化、技术创新、监管协同等多重因素的驱动下逐步发展，呈现更加多元化、技术驱动、标准化和合规化的趋势，涉及资本流动、科技创新、人才资源、数字金融等多个方面。国际合作不仅是资金和资源的共享，更是技术、人才、政策等多维度的深度融合和协同。

一是跨境资本流动与投资平台建设提速。随着科技创新的全球化趋势，跨境资本流动将成为推动科创企业发展的重要动力。国际金融合作将不仅仅局限于资本的流入与流出，更会通过跨境投资平台、合作基金、国际资本市场等方式实现资源的优化配置。未来，可能会有更多的国际投资基金专注于跨境科技创新领域，不仅投资于本国市场，还会积极寻找和投资其他国家的领先技术和项目，推动资金流向具有全球潜力的创新企业。此外，未来可能会有更多专注于高科技领域的国际众筹平台，类似于现有的提科斯达特公共福利公司（Kickstarter）、Indiegogo 等股权众筹平台，允许全球投资者参与全球范围内的科技创业项目。

二是国际金融机构与政府的合作加深。世界银行、国际货币基金组织（IMF）等国际金融机构，将在科技金融国际合作中扮演更加重要的角色，除了传统的资金支持外，金融机构还可能通过风险管理、政策建议等手段，帮助各国政府设计支持科技创新的政策框架。不同国家的政策体系、金融环境以及风险偏好存在差异，国际组织可能会促进各国在科技金融政策上的协调，推动全球范围内的标准化和透明度提升。例如，多个国家共同设立科技创新基金，支持跨国科技合作项目，尤其是面向如气候变化、公共卫生等全球性挑战的科技创新。

三是科技企业的跨国合作与并购。跨国科技创新合作将日益频繁，尤其是在全球产业链、技术合作和知识产权方面。跨国并购将成为科技企业国际化的一种重要手段，科技金融的国际合作模式也将体现在企业并购、股权交易、风险投资等方面。未来全球范围内可能会形成更多的科技产业联盟，通过共享资源、技术和市场等手段，提升国际竞争力。这些联盟不仅限于企业之间，也可能涉及政府、学术界以及投资机构的合作。随着科技企业规模化，国际并购和跨境合作研发将成为科技创新的重要途径。科技金融将支持这些跨国交易，通过提供融资、并购顾问、风险投资等方式，加速科技创新在全球的布局。

四是科技创新人才和资源的全球流动。科技创新离不开高端人才，未来国际合作模式将更加注重科技创新人才的全球流动和合作。国家和地区之间可能会通过签订协议、设立人才引进基金、推出优惠政策等方式，吸引全球创新人才。许多国家和国际组织可能推出跨国科技人才交流计划，鼓励顶尖科研人员在不同国家和地区进行合作研究或创业。政府可以通过建立国际科技创新资源共享平台，包括共享科研设备、实验室、技术平台等，降低科研成本，提升全球创新效率。

五是数字金融工具与区块链技术的全球化应用。随着区块链、数字货币等技术的发展，未来的国际合作可能通过这些新兴的数字金融工具来促进科创融资。区块链技术不仅可以帮助解决跨境支付、融资透明度、知识产权保护等问题，推动科技金融的全球化，还可以帮助跨境投资者进行更加高效、安全的投资，减少中介费用，提升投资的透明度和效率。未来国际合作平台可能通过发行数字资产或安全代币来为科技企业提供融资渠道。随着各国央行数字货币政策的逐步落地，未来科技金融的国际合作将更加依赖于数字货币和新型支付系统，推动跨境支付的高效、安全和低成本。

六是国际标准化与合规框架的构建。国际合作需要在法律、法规、标准等方面保持一致，未来可能会有更多的国际性组织和机构推动科技金融的标准化工作，确保跨境合作的顺利进行。跨境金融合作需要解决不同国家间的监管差异，未来可能通过国际证监会组织（International Organization of Securities Commissions，IOSCO）等国际金融监管组织来推动科技金融监管框架的统一或协调。

91. 未来科技金融发展的风险管理将如何演进？

　　未来科技金融的风险管理将向智能化、精准化和动态化的方向发展，在加强对技术、市场、信用、法律等传统风险类型的管理基础上，金融机构将越来越依赖大数据、人工智能、区块链等科技手段来提升风险监控与评估能力。同时，环境风险、合规风险和系统性风险等新兴风险领域将得到更多关注，推动科技金融在复杂环境下的可持续发展。在这一过程中，金融机构、监管机构、科技公司和学术界的紧密合作将是应对未来风险管理挑战的关键。

　　一是科技创新与金融的风险分离与融合。科技金融涉及大量创新型科技企业，通常面临较高的不确定性和技术风险。因此，未来风险管理将逐步探索如何在金融服务中更好地分离和控制这些风险。未来金融机构可能会引入更多的技术风险评估模型，借助人工智能、大数据等技术，量化科创企业的技术风险，如技术失败的概率、研发周期的变动、市场需求的不确定性等。在多样化的金融工具中，金融机构可能会采取更精细化的风险分层策略，将不同类型的风险分开管理，例如将技术创新风险、市场风险和操作风险进行分层，甚至通过风险分化将一部分风险通过保险或其他风险分担机制进行分散。

二是数字化与智能化风险监控。随着金融科技的进步，科技金融的风险管理将更加依赖数字化和智能化的手段，提升实时性、精准性和自动化水平。金融机构将广泛使用大数据分析、机器学习、人工智能等技术对企业、市场和行业的风险进行动态监测。这些技术能够实时分析企业的财务状况、研发进展、市场反应等因素，及时识别潜在的风险。在融资过程中，智能合约可以自动执行协议条款，有助于减少操作性风险。区块链技术则可确保数据的透明性和不可篡改性，减少数据泄露、欺诈等风险。AI模型能够根据历史数据、市场趋势和企业信息等多维度数据构建更加精准的风险评估模型，帮助投资者和金融机构预测科创企业的风险，并为决策提供数据支持。

三是多维度的信用风险评估。在科技金融中，尤其是对初创企业和高风险创新型企业的融资，信用风险管理将面临前所未有的挑战。传统的信用评分模型可能无法有效评估这些企业的信用风险，因此未来的信用风险评估将趋向多维度的综合评价。除了财务数据外，科技金融的信用评估可能会越来越重视企业的技术创新能力、研发成果、团队背景、市场需求等非财务指标，帮助投资方更全面地评估企业的偿债能力和发展前景。科创企业往往与供应链和产业链紧密相关，未来金融机构可能会加强对企业上下游供应链风险的管理，通过对供应商、合作伙伴的风险评估来预测企业的风险暴露。

四是市场风险与流动性风险的动态管理。科创企业通常面临高度波动的市场环境，市场风险和流动性风险管理将成为关键的风险控制手段。未来，金融机构将需要更加灵活和动态的管理方式，以应对快速变化的市场环境。随着科技金融产品多样化，未来场外交易市场（OTC）将成为重要的交易场所，但场外交易往往缺乏透明度，流动性风险较大。金融机构可能需要借助大数据、区块链等技术，增强场外市场的透明度与可监管性。科创企业的估值通常受市场情绪的影响较大，因此，金融机构需要更加精准的市场情绪监控技术，评估市场动荡对资产价格的影响，并及时采取相应的风险控制措施。

五是环境风险、合规风险和系统性风险的管理。未来，监管环境将逐步完善，金融机构也需要提高合规能力，尤其是在跨境融资、投资和数据保护方面。科技金融的快速发展可能带来系统性风险，尤其是在金融创新产品的复杂性和跨行业协作的背景下。金融机构和监管部门将需要更加注重系统性风险的预警与管理。同时，环境、社会和治理（ESG）风险管理将逐步成为重要组成部分。特别是在绿色金融日益发展和"双碳"目标推动下，环境风险和社会风险的管理将得到更多关注。

92. 未来科技金融如何应对新兴科技领域的变化？

随着新兴科技领域的快速发展，科技金融将面临越来越复杂的挑战和机遇。新兴科技，如人工智能、量子计算、区块链、5G、物联网、生物技术等，正在推动金融行业的变革，同时也带来了新的不确定性和风险。为了应对这些变化，科技金融需要在多个方面作出积极应对。

一是紧跟技术趋势，推动创新金融产品。新兴科技的发展将为金融市场带来前所未有的机遇，科技金融需要快速反应，推动创新金融产品和服务，以满足新兴科技企业和科技应用的融资需求。例如，为人工智能初创公司提供专门的融资工具，设计量子计算、区块链和5G企业的股权融资和债务融资产品，推动更多创新型企业在早期和成长阶段获得所需的资本。

二是加强技术融合与数据驱动的金融服务。新兴科技的发展将加速数据流动和处理方式的创新，科技金融必须利用这些技术提升其自身服务能力和效率，强化人工智能与大数据在风险管理中的应用，精准匹配科技创新与资本，并利用区块链技术提高金融交易的透明度和安全性。

三是加强风险管控与合规管理。新兴科技的快速发展使得科创金融面临前所未有的风险，尤其是在技术不成熟、市场不确定性大、法规滞后等环境下，风险管控和合规管理将变得尤为重要，科技金融需加强风险管控和合规管理，包括建立多维度风险评估模型，灵活适应监管变化，并具备跨国合规管理能力，特别是在区块链技术和跨境支付等领域。

四是构建开放、共享的科技金融生态。新兴科技的快速发展意味着单一的科技公司或金融机构可能无法满足所有需求。科技金融需要构建一个开放、协作、共享的生态系统，促进创新、资源和信息的流动，推动金融机构与科技企业的深度合作，通过开放平台和数据共享机制建立创新的金融服务体系。

五是积极探索新兴领域的市场机会。随着数字货币、非同质化代币（NFT）、去中心化金融（DeFi）等新兴领域的兴起，科技金融需要主动拥抱这些新技术，探索新的市场机会。比如，数字货币和区块链技术在支付、结算和跨境金融等领域的应用，支持 DeFi 平台提供去中心化的金融服务，通过 NFT 促进数字资产的流动性和价值变现。

93. 未来科技金融发展如何更好服务乡村全面振兴？

　　未来科技金融在乡村全面振兴中的作用将越来越重要，特别是在促进农业现代化、推动农村产业转型升级、提升农民收入、改善农村基础设施等方面。科技金融能够结合先进的科技手段，为乡村全面振兴提供更加高效、便捷、普惠的金融服务，推动农业与科技深度融合。

一是提升农村金融普惠性。科技金融能够通过互联网、大数据、人工智能等技术，为农村地区提供更加普惠的金融服务，尤其是在传统金融服务不到的偏远地区，帮助农民和农村企业获得所需的融资和金融支持。

二是推动农业产业现代化。科技金融能够通过风投、股权融资等方式，为农业科技创新企业提供资金支持，推动农业智能化、自动化技术的研发和应用。例如，精准农业、无人机植保、农业物联网等科技的普及和应用能够提高生产效率，降低生产成本。

三是加强乡村基础设施建设。科技金融可以通过支持乡村地区的 5G 网络、宽带网络、电商平台等基础设施信息化建设，提升金融普及度，并为乡村的智能灌溉系统、农业机器人等智能农业设施提供资金支持，帮助农民提高生产效率，降低农业生产的环境影响。

四是创新农业金融产品。科技金融的创新能力能够根据乡村的实际需求，定制创新的农业金融产品，满足农民和农村企业的多元化融资需求，通过农业供应链金融平台获取种子、化肥、农机等生产资料的信贷支持，同时农业企业也可以获得资金用于采购和销售农产品。

五是加强农村电商与金融融合。电商平台是连接城市与乡村的纽带，而金融服务是电商发展的基础。科技金融可以通过支持电商平台，为乡村全面振兴提供更多的市场机会和融资渠道，为农村电商企业提供流动资金贷款、供应链融资等金融服务，帮助其发展壮大。

六是提升金融教育与农村金融素养。在科技金融的应用过程中，农民和农村企业的金融素养仍然是一个较大的挑战。未来，科技金融应注重提升农村地区的金融教育，帮助农民掌握基本的金融知识和技能，利用现代金融工具改善生产和生活条件。

第三节 面向未来我国科技金融的 发展方向与路径

94. 未来如何持续完善推进科技金融 服务的供给侧结构性改革？

首先，新形势下商业银行须把科技创新作为信贷支持的重点，支持科技创新也是银行拓展蓝海、服务自身的主要方式。科技金融已成为银行竞逐的新赛道，要走出自身特色的发展模式，银行要有拥抱技术变革的积极性和专业储备，也需要有产品模式、风控思路、生态建设等方面的创新。值得关注的是，银行并购贷款对支持科技创新企业发展仍有较大空间。对此，一是银行应把并购贷款纳入科技金融的全生命周期设计，在初创期和成长期，更多采用知识产权质押融资、供应链融资等，到成熟期则可综合运用并购贷款和其他工具；二是考虑到并购贷款的复杂性和风险性更高，且商业银行并购贷款人才相对匮乏，因此在专业团队建设、风险管理方面还须不断提升能力；三是银行还须更深入地了解科创特点，从而及时把握科创企业并购趋势，缓解相应客户资源储备的不足。

其次，资本市场要更好地服务科技创新企业，主要"抓手"是持续畅通创投机构"募投管退"全链条。虽然我国私募股权基金行业发展迅速，基金数量及管理规模均已居世界前列，但在"募投管退"中仍存在难点。为了进一步优化创投基金支持科技创新的能力，必须努力拓展创投基金的中长期资金来源。因为创业投资的周期通常需要5—7年，需要大量长期资本的支持。着眼未来，要拓宽创投行业的长期资本来源，除了需要稳定市场盈利预期，更需要政策与制度支持，包括政府的引导及贷款支持、特定资金的市场准入、创业投资市场的税收优惠等。须努力创新和优化创投基金的退出机制。一是现有许多试点已逐渐推进，如基金实物分配、发展S基金和区域性交易市场等，但还应完善一揽子实施细则，包括交易所、登记清算机构的操作指引及涉税政策处理等。二是拓展退出的常规渠道。除了首次公开募股作为最重要的退出方式，还有并购交易、协议转让、回购、清算等多元化方式值得探索。三是从创投基金自身来说，也应不断完善退出管理机制、团队和专业性，完善业务的全流程闭环。

最后，充分运用其他各类金融工具，为科创企业提供多元化补充支持。例如，创新信托类产品，围绕科技创新企业的创业、展业、守业全发展周期，整合债权融资、股权合作等，共同助力科创企业成长。再如，支持融资租赁公司针对大型设备及零部件、制造业设备、基础设施等领域开展科技融资租赁业务，鼓励其面向科技型中小企业开展创新型融资租赁业务。参照银行投贷联动试点，探索支持融资租赁公司的投租联动创新，实现租赁和投资良性互动，推动科技型中小企业、融资租赁公司、投资机构加强协同合作。

95. 未来如何进一步完善科技金融需求侧的短板？

首先，应以市场需求为导向，真正建立以企业为主导的研发成果产业化机制。并且厘清对创新的界定，既要以关键核心技术、硬技术创新为主线，也要支持各类业务创新、模式创新、生态创新等。对此，则须探索完善科技创新的评价机制。在现有科技成果、科创企业评价模式基础上，积极探索适应开展金融服务所需要的新评价模式。鼓励金融机构不以企业收入、利润等传统财务指标作为科创企业贷款门槛，更关注企业核心技术、专利数量与结构、专利技术含量、实验室建设水平、科研队伍结构等，不断优化科技金融业务的全流程与功能。

其次，还应该促使科技创新企业更好地了解国家金融政策、金融体系与金融工具，促使企业提升金融有效需求，在科技金融创新中变被动为主动。积极协助科技创新企业改善战略规划与内部管理能力，做好风险控制与流程优化，减少企业发展中的不确定性，从而更易满足金融机构的客户选择标准。

再次，也可依托创新企业集群，探索共性的金融需求，鼓励金融机构设计标准化的科技金融产品或服务，并面向企业集群开展产业链科技金融创新。由此可以跳出针对个别企业的科技金融服务探索，努力实现科技创新链条与金融资本链条的有机结合，着力促进科技创新的研发链、产业链、市场链的"三链协同"，为初创期到成熟期各发展阶段的科技创新企业提供全方位金融支持和服务。

最后，能否使得科技创新企业的"有效需求"与金融服务的"有效供给"相对接，离不开相关风险的合理分担。这就需要动员各方力量，更好地进行风险识别、价值评估等；应实现有效的信息互动，尤其是构建跨行业、跨领域、跨层级的信息交流机制；把握各类机构风险分担与获得利益的平衡，打造长期共赢关系；探索利用大数据、人工智能、区块链等，尝试构造更高效的数字化风险分担模式。

96. 未来如何优化承载科技金融
发展的生态环境？

首先，从战略思路来看，须直面我国金融结构面临的期限错配与失衡、可持续中长期资本有待增加等问题，尤其在面向科创企业的直接金融服务链中，应不断优化税收等各类政策，完善投资机构与投资模式的治理机制，努力引导科创长期资本的形成。同时，政策引导的金融支持科创并非"为科技而科技"，而是最终能够给实体产业发展带来高效率、新动力，为居民生活改善带来切实好处，这也是科技与金融融合的最终着眼点。

其次，科技金融特别是中小科创企业的融资服务难题，归根结底也是由于传统征信模式难以充分覆盖其需求，对此，还应大力支持利用大数据、人工智能等新技术，不断优化信用服务维度与范围，加快信用服务在科技金融创新业务中的深度应用。

再次，应推动科技金融运行链条上的各类中介服务机构更加规范、快速、健康地发展，以此提高服务效率和改善服务生态。如重点包括会计师事务所、资产评估、信用评估、金融新信息服务机构；质量、计量检测及认证服务、科技咨询、技术交易中介服务等机构；律师事务所、公证机构，专利代理、商标代理和知识产权代理等机构。

最后，还有诸多影响科技金融生态的因素值得考虑。例如，应打破行政区域的视野局限，努力适应现代产业金融的网络化、智能化趋势，促使各地的科技金融试点探索，以服务域内为主，着眼域外为辅，实现区域科技金融资源、科创企业与项目资源的互动融合。再如，做好科技金融离不开专业人才，尤其是面向科技与金融交叉领域的人才，由此需要在人才政策与人才培养方面持续深化体制机制改革。

97. 未来科技金融发展的创新方向有哪些？

未来我国科技金融将面临更加复杂的市场环境和技术挑战，但同时创新方向也十分明确。一是政策创新。加强顶层设计，出台鼓励国有资本参与科技创新的政策，完善信托等直接融资功能，修订相关法律条款，允许银行试点开展创投类贷款等，提升直接融资支持科技创新的水平。二是模式创新。推广投贷联动模式，如"贷款＋认股期权＋投资"模式，金融机构通过持有企业股权或期权，平衡债权风险和收益，实现投贷结合，为科技企业提供多元化融资服务。三是产品创新。除了现有的科技保险、科技租赁、科技信托等，还可开发知识产权质押融资、数据资产质押融资等创新产品，拓宽科技企业融资渠道。四是服务创新。

利用金融科技手段，打造一站式、智能化科技金融服务平台，整合金融资源和服务，提高服务效率和质量，满足科技企业多样化需求。五是监管创新。探索建立适应科技创新金融发展的监管框架和沙盒机制，在风险可控前提下，鼓励金融机构开展创新业务，平衡创新与风险。

98. 未来科技金融创新中心将如何推动建设？

科技金融创新中心往往与科技创新中心、金融创新中心的发展是重合的，未来依托这些重合区域已有的资源优势、人才优势以及政策优势等，我国科技金融创新中心建设将向协同发展推进（见表5-1）。

表 5-1　科技金融创新中心城市对比分析

类别	城市	科技创新领域	金融服务优势	特色与优势	科技金融模式
综合性科技创新中心城市	北京	人工智能、大数据、互联网、生物医药等	完善的金融体系，金融机构集中，资本市场发展	科技、金融资源集中，创新能力强，政策支持	提供多层次、多元化的融资渠道，科技与金融融合
	上海	信息技术、生物医药、智能制造等	国际金融中心，资本市场发达，金融科技发展迅速	金融与科技深度融合，国际化视野，政策支持	创新金融产品和服务支持科技企业

类别	城市	科技创新领域	金融服务优势	特色与优势	科技金融模式
综合性科技创新中心城市	深圳	互联网、通信、电子、5G等领域	强大的金融服务体系，创业板和资本市场活跃	创新科技和金融中心，科技企业活跃	提供创新金融工具，科技金融服务全面
特定产业领域创新突出城市	杭州	互联网、数字经济	数字金融发展迅速，金融科技产品丰富	"互联网＋金融科技"的生态链，产业引领作用	数字金融支持、金融科技创新产品
	武汉	光电子信息、激光技术、生物医药	科技金融服务针对性强，政策支持	特色产业集群，科技创新驱动	专项基金与政策扶持特定产业科技企业
	西安	航空航天、国防科技	专注于高技术企业融资与支持	强大的航空航天和国防科技创新基地	针对特定领域的科技金融产品与服务
	合肥	新型材料、量子科技	政府支持基金和科技金融专门机构	量子科技和新材料领域创新领先	提供量身定制的科技金融产品，支持新兴产业
区域科技金融创新中心城市	济南	大数据、人工智能	科技金融创新逐步发展，区域合作增强	区域科技金融中心，推动区域协同创新	与周边城市协同合作，促进区域经济高质量发展
	长沙	电子信息、先进制造业	中小企业融资平台，金融与科技结合	在中部地区具有较强影响力，科技金融服务完善	区域协同合作，推动区域经济转型升级
	沈阳	重工业、传统制造业转型	注重传统产业的转型和升级，科技金融支持	东北老工业基地，注重产业升级与转型	科技金融服务帮助传统产业的转型升级

　　一是强化综合性科技创新中心城市的引领作用。北京、上海、深圳等城市科技创新能力全面，在多个领域都处于国内领先地位，拥有大量的高新技术企业、科研机构和创新人才，金融服务体系完善，能够为各类科技创新活动提供全方位的金融支持。未来，这类城市应进一步加大在关键核心技术研发上的投入力度，整合各方资源，聚焦人工智能、生物医药、高端制造等前沿领域，打造一批具有国际影响力的科技金融创新高地。

　　二是提升特定产业领域创新突出城市的支撑作用。比如杭州在互联网和数字经济领域、武汉在光电子信息和生物医药领域、西安在航空航天和国防科技领域、合肥在新型材料和量子科技领域等具有独特的产业优势和创新能力，未来这类城市可以围绕特定产业的科技创新需求，加快科技金融服务模式和创新产品的区域化探索，使其更好地契合特定产业的发展特点和创新节奏，助力城市在特定产业领域的科技创新取得更大突破，进一步提升其在全国乃至全球产业创新格局中的地位。

　　三是加强区域科技金融创新中心城市的辐射能力。以济南、长沙、沈阳等城市为例，这类城市在所在区域内具有较强的科技金融创新能力和辐射带动作用，通过与周边城市的协同合作，形成区域科技金融创新的合力，未来应进一步强化与周边城市在科技金融政策制定、资源共享、人才流动等方面的协同机制，促进区域经济的高质量发展。

99. 未来科技金融教育和人才
培养将如何加强？

　　未来我国在科技金融领域的人才培养将更加注重跨学科融合、实战训练和创新精神的培养。通过加强金融与科技的结合、推动数字金融和大数据的应用、强化金融监管与合规教育等手段，逐步构建适应科技金融发展的教育体系。同时，随着全球化的发展，我国也将加强国际化的人才培养和跨国合作，以满足科技金融市场日益增长的人才需求。

　　一是推动建立跨学科的人才培养体系。高校和职业教育机构可能会推出融合金融学与科技创新的跨学科课程，如"科技金融""金融科技"等专业，培养具备金融与科技双重知识的复合型人才。针对量子计算、区块链、人工智能等新兴技术的金融应用，教育体系将加强创新金融工具、金融科技产品的开发和应用的课程设置，培养能将新兴科技与金融相结合的人才。为了提高学生的实践能力，未来可能更多采用项目式学习方式，通过与企业、金融机构的合作，进行实际案例分析和实战训练，培养学生的创新能力和解决实际问题的能力。

　　二是加强与金融科技企业的合作。由于科技金融紧密与科技产业的需求相连，因此，未来人才培养将更多依赖于教育机构与科技公司、金融科技公司的合作。高校将与科技企业和金融机构合作，共同设计课程体系和培训计划，为学生提供实习、就业和技术研发的机会。这种合作有助于弥补传统教育与行业需求之间的差距。一些领先的金融科技公司、创新型企业可能会与高校或职业培训机构合作，定制符合企业需求的人才培训项目，培养具有实际操作能力的专业人才。

三是培养创新与创业精神。未来的科技金融人才不仅需要具备金融和技术的专业能力，还需要具备创新精神和创业思维，能够适应快速变化的市场环境。高校可能将更多的创新创业课程纳入到金融学科体系中，鼓励学生通过创业项目或科研实践，锻炼其创新能力和风险管理能力。类似的教育可能还会涉及如何利用金融工具支持科技创新的成长与融资。教育机构可能与创业孵化器合作，建立科技金融创新实验室，鼓励学生参与创业实践，体验从创业项目融资、管理到市场拓展的全过程，培养其项目管理、资本运作等技能。

四是加强金融科技与大数据的应用能力。金融科技、人工智能、大数据等技术在科技金融中的应用日益广泛，未来的人才培养将更加注重这些技术的应用能力。随着大数据和 AI 在金融领域的广泛应用，未来的科技金融教育将更加注重数据科学、机器学习、人工智能等技术的培训，尤其是在投资分析、风险控制、市场预测等方面的应用。为了应对全球化、跨境支付、智能合约等挑战，区块链技术、数字货币等领域将成为未来教育的重点，培养能够利用这些技术进行金融创新的人才。

五是强化金融监管与合规教育。科技金融不仅仅是推动科技与金融结合的创新过程，监管和合规也是其健康发展的关键。随着监管环境的逐步完善，相关人才培养将更加注重法律、合规、风险管理等方面的教育。未来的教育体系将加入更多关于金融监管、金融法律、数据隐私保护、金融反欺诈等方面的课程，培养具备金融监管知识和合规能力的科技金融人才。随着全球化发展，跨境投资、资本流动和合作将变得更加频繁，人才培养将强化国际化的合规和风险管理能力，尤其是在跨境科技金融合作中，如何解决不同法律体系和市场环境下的合规问题。

六是加强金融科技领域的继续教育和职业培训。科技金融不仅仅依赖于年轻一代的学历教育，更多的从业人员需要通过继续教育和职业培训提升自身能力。未来可能会有更多针对科技金融领域的行业认证与职业资格证书来帮助在职人员提升技能，适应快速变化的行业需求。针对金融科技行业的快速发展，未来将有更多在线教育平台推出灵活的学习模块，帮助金融从业人员随时更新自己的技能，学习最新的技术和行业动态。政府可能会通过行业协会、金融监管机构等渠道制定科技金融的标准化框架，推动各方合作，加强对行业人才的引导和培训。

100. 未来科技金融如何加强
信息安全保障？

　　未来科技金融的发展将不可避免地面临信息安全风险的挑战，尤其是在大数据、人工智能、区块链等技术广泛应用的背景下。信息安全保障将成为科技金融可持续发展的关键因素之一。为了应对这些挑战，未来科技金融领域需要采取一系列措施来加强信息安全保障。

　　一是加强数据保护与隐私管理。随着大数据和云计算在科技金融中的应用，数据安全和隐私保护将变得尤为重要，尤其是在个人信息和敏感数据的存储、传输和使用方面。金融机构将普遍采用更为先进的数据加密技术（如端到端加密、同态加密）来确保数据在传输和存储过程中的安全性。同时，数据脱敏技术将在数据处理和分析过程中得到广泛应用，保护用户的隐私数据不被泄露。随着各国隐私保护法律的出台和加强，科技金融企业需要严格遵守数据保护法规，建立完备的数据隐私保护机制，包括加强数据收集、存储、处理、共享和销毁的全流程管控。多因素认证（MFA）和行为识别技术将在科技金融领域得到广泛应用，确保只有授权人员能够访问和操作敏感数据。同时，企业需要根据角色和职责进行权限细分，确保数据的访问控制符合最小权限原则。

二是加强网络安全防护。网络攻击日益复杂化，金融机构必须不断提高网络安全防护能力，防止黑客入侵、勒索病毒和其他网络攻击。金融机构将建立更加复杂的多层次安全防护架构，包括防火墙、入侵检测系统（IDS）、入侵防御系统（IPS）、网络隔离等技术，确保从物理网络到应用层的全方位安全防护。未来，人工智能和机器学习将被广泛应用于网络安全领域，通过实时分析网络流量、监测异常行为，自动识别潜在的网络攻击、漏洞和安全威胁，并快速响应与修复。金融机构需要部署更加先进的分布式拒绝服务（DDoS）攻击防护措施，使用流量清洗技术和智能流量分析系统来识别和应对大规模 DDoS 攻击。

三是区块链与数字货币的安全保障。区块链技术在科技金融中的广泛应用将引发新一轮的信息安全挑战，尤其是在数字货币、智能合约和跨境支付等领域。智能合约的安全性是区块链技术应用中的关键问题。金融机构将加强智能合约的漏洞检测与安全审计，采用形式化验证等技术确保智能合约在执行时没有潜在漏洞和漏洞的利用风险。在数字货币领域，私钥管理至关重要。未来，金融机构将更加注重私钥的安全性，采用多重签名、硬件钱包、冷存储等方式确保私钥的安全性，防止数字货币被盗。区块链本身具备不可篡改的特性，但也需要加强在合规性和透明度方面的管理。金融机构将引入多方协作机制，确保区块链网络中的所有交易都能够符合合规要求，并及时发现并阻止非法行为。

四是提升金融机构的应急响应能力。信息安全事件的响应速度和处理能力直接决定了事件对金融机构和客户的影响程度。未来，科技金融行业将加强信息安全事件的应急响应能力和灾难恢复能力。金融机构需要制定详细的信息安全应急响应计划，并定期开展演练，以确保在发生安全事件时能够迅速响应并采取有效措施。应急响应团队应包括技术专家、法务人员和公关团队，以应对各种复杂的安全事件。为了应对潜在的网络攻击和自然灾害等突发事件，金融机构需要建立完善的灾难恢复系统，定期备份数据，并确保在发生灾难时能够快速恢复业务和数据。

五是增强供应链与第三方安全管理。科技金融行业的安全风险不仅来自内部，也来自外部供应链和第三方合作伙伴。随着供应链金融、外包服务的增多，第三方风险管理将成为信息安全保障的重要组成部分。金融机构将定期对供应商和合作伙伴进行安全审计和评估，确保其具备足够的信息安全保障能力。对于涉及敏感信息或关键基础设施的第三方，金融机构应要求其遵循相应的安全标准和规范。不断加强对第三方服务提供商（如云服务商、数据提供商）的安全审核，确保它们符合信息安全要求。金融机构应对合作伙伴的安全策略、操作流程和技术设施进行全面评估，并确保供应链中每个环节的安全性。

六是信息安全人才与文化建设。信息安全不仅仅依赖于技术和工具，更依赖于组织内部的信息安全文化和人员的专业能力。金融机构需要建立健全的信息安全组织架构，提升员工的安全意识与技能。金融机构将注重信息安全专业人才的培养和引进，通过内外部培训、认证考试、实战演练等手段，提高员工对信息安全的认知和应对能力，采用定期的安全培训、信息安全意识提升活动等方式，培养员工的安全文化，使其形成正确的安全意识和行为习惯，从而减少人为错误和内外部威胁的发生。

七是国际化信息安全标准与合作。科技金融是全球化的产业，随着跨境支付、国际投资和合作的增加，信息安全的国际化标准和跨国合作将成为未来的趋势。金融机构需要加强对国际信息安全标准（如 ISO/IEC27001、GDPR 等）的遵循，确保其信息安全管理体系符合全球合规要求，并提高国际市场的信誉，不断加强与全球信息安全组织、监管机构和同行的合作，共享信息安全威胁情报，及时应对跨境网络攻击和安全事件，尤其是在数据隐私保护、跨境支付等领域，国际合作将变得愈加重要。

参考文献

[美] 阿尔文德·纳拉亚南、约什·贝努等：《区块链：技术驱动金融》，林华、王勇等译，中信出版集团 2016 年版。

曹颢、尤建新、卢锐、陈海洋：《我国科技金融发展指数实证研究》，《中国管理科学》2011 年第 3 期。

曾刚、杨川：《科创金融：中国创新金融的实践》，《新金融》2024 年第 6 期。

陈路晗、付建婷：《关于债券市场支持科技创新型企业高质量发展的思考》，《债券》2024 年第 7 期。

陈文辉：《构建可持续科技金融体制的思考——以股权投资基金为例》，《新金融》2024 年第 12 期。

程翔、张瑞、张峰：《科技金融政策是否提升了企业竞争力？——来自高新技术上市公司的证据》，《经济与管理研究》2020 年第 8 期。

程宇：《技术创新、金融结构优化与供给侧改革》，社科文献出版社 2018 年版。

戴湘云、叶生新：《多层次资本市场中的"新三板"对高新科技园区经济发展作用分析与实证研究——以中关村科技园区为例》，《改革与战略》2011 年第 12 期。

杜金岷、梁岭、吕寒：《中国区域科技金融效率研究——基于三阶段 DEA 模型分析》，《金融经济学研究》2016 年第 6 期。

段世德、徐璇：《科技金融支撑战略性新兴产业发展研究》，《科技进步与对策》2011 年第 14 期。

房汉廷：《关于科技金融理论、实践与政策的思考》，《中国科技论坛》2010

年第 11 期。

房汉廷:《科技金融本质探析》,《中国科技论坛》2015 年第 5 期。

房汉廷:《科技金融发展 40 年:跃迁、困顿与未来》,《中国科技财富》2024 年第 1 期。

冯永琦、邱晶晶:《科技金融政策的产业结构升级效果及异质性分析——基于"科技和金融结合试点"的准自然实验》,《产业经济研究》2021 年第 2 期。

耿中泽:《科技保险助推新质生产力发展》,《中国金融》2024 年第 16 期。

巩世广、郭继涛:《基于区块链的科技金融模式创新研究》,《科学管理研究》2016 年第 4 期。

郭俊杰、张育新、田梦璐:《金融服务科技型中小企业的实践路径》,《中国金融》2024 年第 24 期。

郭子源:《健全科技金融体制的路径分析》,《石家庄铁道大学学报(社会科学版)》2024 年第 4 期。

韩刚:《商业银行金融创新与科技型小微企业融资困境突破——以交通银行苏州科技支行为例》,《金融理论与实践》2012 年第 4 期。

韩俊华、周全、王宏昌:《大数据时代科技与金融融合风险及区块链技术监管》,《科学管理研究》2019 年第 1 期。

和瑞亚、张玉喜:《区域科技创新系统与公共金融系统耦合协调评价研究——基于中国 28 个省级区域的实证分析》,《科技进步与对策》2014 年第 7 期。

洪银兴、姜集闯:《培育和壮大耐心资本推动新质生产力发展》,《经济学家》2024 年第 12 期。

洪银兴:《科技金融及其培育》,《经济学家》2011 年第 6 期。

胡滨、任喜萍:《金融科技发展:特征、挑战与监管策略》,《改革》2021 年第 9 期。

胡欢欢、刘传明:《科技金融政策能否促进产业结构转型升级?》,《国际金融研究》2021 年第 5 期。

胡苏迪、蒋伏心:《科技金融理论研究的进展及其政策含义》,《科技与经济》2012 年第 3 期。

胡援成、吴江涛:《科技金融的运行机制及金融创新探讨》,《科技进步与对策》2012 年第 23 期。

蒋远胜、吴敬花、丁昭等：《科技金融发展：历史回顾、现实考察与路径优化》，《西南金融》2024 年第 9 期。

姜中裕、吴福象：《科技金融政策对企业关键核心技术创新的影响研究》，《金融经济学研究》，2025 年 1 月 17 日，见 http://222.186.61.87:8084/kcms/detail/44.1696.F.20241218.1225.004.html。

揭红兰：《科技金融、科技创新对区域经济发展的传导路径与实证检验》，《统计与决策》2020 年第 1 期。

科学技术部火炬高技术产业开发中心：《中国火炬统计年鉴 2022》，中国统计出版社 2022 年版。

雷德雨、张孝德：《美国、日本农村金融支持农业现代化的经验和启示》，《农村金融研究》2016 年第 5 期。

李俊霞、温小霓：《中国科技金融资源配置效率与影响因素关系研究》，《中国软科学》2019 年第 1 期。

李瑞晶、李媛媛、金浩：《区域科技金融投入与中小企业创新能力研究——来自中小板和创业板 127 家上市公司数据的经验证据》，《技术经济与管理研究》2017 年第 2 期。

李扬主编：《回归金融本质：中国金融创新与监管》，社科文献出版社 2019 年版。

李毅光、毛道维、倪文新：《政府主导型科技金融服务平台运行模式研究》，《经济体制改革》2016 年第 2 期。

廖传惠、杨渝南、陈永华：《互联网金融、公共科技金融与科技型小微企业融资》，《科学管理研究》2015 年第 2 期。

廖岷、王鑫泽：《商业银行投贷联动机制创新与监管研究》，《国际金融研究》2016 年第 11 期。

刘碧波、崔天阳、王正位：《科技金融中的债务融资》，《新金融》2024 年第 11 期。

刘少波、张友泽、梁晋恒：《金融科技与金融创新研究进展》，《经济学动态》2021 年第 3 期。

刘文丽、郝万禄、夏球:《我国科技金融对经济增长影响的区域差异——基于东部、中部和西部面板数据的实证分析》,《宏观经济研究》2014 年第 2 期。

刘志彪:《科技银行功能构建:商业银行支持战略性新兴产业发展的关键问题研究》,《南京社会科学》2011 年第 4 期。

娄永飞:《融资性科技保险发展的路径选择》,《中国金融》2024 年第 15 期。

芦锋、韩尚容:《我国科技金融对科技创新的影响研究——基于面板模型的分析》,《中国软科学》2015 年第 6 期。

陆岷峰、徐阳洋:《科技向善:激发金融科技在金融创新与金融监管中正能量路径》,《南方金融》2021 年第 1 期。

宁宇新、景琳:《科技金融文献研究述评》,《金融理论探索》2016 年第 5 期。

潘娟、张玉喜:《政府、企业、金融机构科技金融投入的创新绩效》,《科学学研究》2018 年第 5 期。

潘雅琼、方冰丹:《科技金融支持科技型中小企业创新发展绩效研究——基于企业生命周期视角》,《财会通讯》2020 年第 20 期。

齐岳、廖科智、刘欣、冯筱璐:《创新创业背景下科技型中小企业融资模式研究——基于知识产权质押贷款 ABS 模式的探讨》,《科技管理研究》2018 年第 18 期。

钱水土、张宇:《科技金融发展对企业研发投入的影响研究》,《科学学研究》2017 年第 9 期。

申明浩、谭伟杰、杨永聪:《科技金融试点政策赋能实体企业数字化转型了吗?》,《中南大学学报(社会科学版)》2022 年第 3 期。

孙兆斌:《商业银行普惠金融高质量发展的逻辑与路径》,《新金融》2018 年第 11 期。

唐雯、陈爱祖、饶倩:《以科技金融创新破解科技型中小企业融资困境》,《科技管理研究》2011 年第 7 期。

田霖:《金融普惠、金融包容与中小企业融资模式创新》,《金融理论与实践》2013 年第 6 期。

汪淑娟、谷慎:《科技金融对中国经济高质量发展的影响研究——理论分析与实证检验》,《经济学家》2021 年第 2 期。

王宏起、徐玉莲：《科技创新与科技金融协同度模型及其应用研究》，《中国软科学》2012 年第 6 期。

王卉彤：《对我国科技金融政策的回顾与解读：以北上深为例》，《国家治理》2019 年第 37 期。

蔚赵春、徐剑刚：《监管科技 RegTech 的理论框架及发展应对》，《上海金融》2017 年第 10 期。

吴翌琳、谷彬：《科技金融服务体系的协同发展模式研究——中关村科技金融改革发展的经验与启示》，《中国科技论坛》2013 年第 8 期。

吴云勇、孟昕儒：《科技金融赋能新质生产力：空间效应与异质性检验》，《统计与决策》2024 年第 23 期。

肖泽磊、韩顺法、易志高：《我国科技金融创新体系的构建及实证研究——以武汉市为例》，《科技进步与对策》2011 年第 18 期。

谢科范、倪曙光：《科技风险与科技保险》，《科学管理研究》1995 年第 2 期。

谢笑珍：《"产教融合"机理及其机制设计路径研究》，《高等工程教育研究》2019 年第 5 期。

徐海龙、王宏伟：《科技型中小企业全生命周期金融支持研究——基于风险特征的分析视角》，《科学管理研究》2018 年第 3 期。

徐玉莲、王玉冬、林艳：《区域科技创新与科技金融耦合协调度评价研究》，《科学学与科学技术管理》2011 年第 12 期。

徐玉莲、王玉冬：《区域科技金融资金的配置效率研究》，《科学管理研究》2015 年第 2 期。

徐玉莲、赵文洋、张涛：《科技金融成熟度评价指标体系构建与应用》，《科技进步与对策》2017 年第 11 期。

许闲：《保险科技的框架与趋势》，《中国金融》2017 年第 10 期。

薛晔、蔺琦珠、高晓艳：《中国科技金融发展效率测算及影响因素分析》，《科技进步与对策》2017 年第 7 期。

杨东：《监管科技：金融科技的监管挑战与维度建构》，《中国社会科学》2018 年第 5 期。

杨露、宁俊飞：《资产证券化助力科技企业发展的现状、难点与建议》，《债券》2022 年第 5 期。

杨涛、王小彩：《新形势下推动金融科技创新需夯实生态基础》，《金融理论探索》2022 年第 5 期。

杨涛：《金融业支持科技创新需多方联动》，《21 世纪经济报道》2023 年 8 月 1 日。

杨涛：《科创金融改革需要系统考量》，《清华金融评论》2023 年第 11 期。

杨涛：《新形势下需打造更好的科技与资本融合模式》，《21 世纪经济报道》2023 年 9 月 15 日。

叶莉、王亚丽、孟祥生：《中国科技金融创新支持效率研究——基于企业层面的理论分析与实证检验》，《南开经济研究》2015 年第 6 期。

尹振涛：《科技金融助推高成长性科创企业高质量发展》，《人民论坛》2024 年第 22 期。

游达明、朱桂菊：《区域性科技金融服务平台构建及运行模式研究》，《中国科技论坛》2011 年第 1 期。

俞立平：《金融支持、政府与企业投入对科技创新的贡献研究》，《科研管理》2015 年第 3 期。

俞勇：《金融科技与金融机构风险管理》，《上海金融》2019 年第 7 期。

翟华云、方芳：《区域科技金融发展、R&D 投入与企业成长性研究——基于战略性新兴产业上市公司的经验证据》，《科技进步与对策》2014 年第 5 期。

张林：《金融发展、科技创新与实体经济增长——基于空间计量的实证研究》，《金融经济学研究》2016 年第 1 期。

张明喜、魏世杰、朱欣乐：《科技金融：从概念到理论体系构建》，《中国软科学》2018 年第 4 期。

张宁、才国伟：《国有资本投资运营公司双向治理路径研究——基于沪深两地治理实践的探索性扎根理论分析》，《管理世界》2021 年第 1 期。

张晓晶主编：《中国金融报告 2022：助力经济回归潜在增长水平》，中国社会科学出版社 2023 年版。

张晓晶主编：《中国金融报告 2023：中国特色金融发展之路》，中国社会科学出版社 2024 年版。

张玉华、张涛:《科技金融对生产性服务业与制造业协同集聚的影响研究》,《中国软科学》2018 年第 3 期。

张玉喜、赵丽丽:《中国科技金融投入对科技创新的作用效果——基于静态和动态面板数据模型的实证研究》,《科学学研究》2015 年第 2 期。

张芷若、谷国锋:《科技金融与科技创新耦合协调度的空间格局分析》,《经济地理》2019 年第 4 期。

张芷若、谷国锋:《中国科技金融与区域经济发展的耦合关系研究》,《地理科学》2020 年第 5 期。

章思诗、李姚矿:《基于 DEA-Tobit 模型的科技金融效率影响因素研究》,《科技管理研究》2017 年第 6 期。

赵昌文、陈春发、唐英凯:《科技金融》,科学出版社 2009 年版。

赵增耀、周晶晶、沈能:《金融发展与区域创新效率影响的实证研究——基于开放度的中介效应》,《科学学研究》2016 年第 9 期。

肇启伟、付剑峰、刘洪江:《科技金融中的关键问题——中国科技金融 2014 年会综述》,《管理世界》2015 年第 3 期。

郑石明、伍以加、邹克:《科技和金融结合试点政策有效吗?——基于双重差分法的研究》,《中国软科学》2020 年第 1 期。

中国人民大学中国保险研究所:《科技保险发展研究报告(2023)》,《保险理论与实践》2024 年第 8 期、第 9 期。

周昌发:《科技金融发展的保障机制》,《中国软科学》2011 年第 3 期。

周雷、殷凯丽、车旻昌、高敏、郭成学芷:《保险创新服务新质生产力发展:风险特征、实现路径与对策建议》,《西南金融》2024 年第 6 期。

周立宏、祁晓凤、李孟霏:《科技金融、供应链外溢与劳动力就业——基于促进科技与金融结合试点政策的证据》,《经济学动态》2024 年第 12 期。

Aghion, Philippe, Berman, Nicolas, Eymard, Laurent, Askenazy, Philippe, Cette, Gilbert, "Credit Constraints and the Cyclicality of R&D Investment: Evidence From France", *Journal of the European Economic Association*, 2012.

Ahrens, Nathaniel, Innovation and the Visible Hand: China, Indigenous Innovation, and the Role of Government Procurement, *Carnegie Endowment for*

International Peace, 2010.

Bernstein, Shai, "Does Going Public Affect Innovation?", *The Journal of Finance*, 2015.

Bloom, Nicholas, Reenen, John Van, Williams, Heidi, "A Toolkit of Policies to Promote Innovation", *The Journal of Economic Perspectives*, 2019.

Brancati, Emanuele, "Innovation Financing and the Role of Relationship Lending for SMEs", *Small Business Economics*, 2015.

Brown, James R., Fazzari, Steven M., Petersen, Bruce C., "Financing Innovation and Growth: Cash Flow, External Equity, and the 1990s R&D Boom", *The Journal of Finance*, 2009.

Christensen, J., Lindgaard, *National Systems of Innovation: Toward a Theory of Innovation and Interactive Learning*, Anthem Press, 2010.

Fulghieri, Paolo, Sevilir, Merih, "Organization and Financing of Innovation, and the Choice between Corporate and Independent Venture Capital", *The Journal of Financial and Quantitative Analysis*, 2009.

Girma, Sourafel, Gong, Yundan, Grg, Holger, "Foreign Direct Investment, Access to Finance, and Innovation Activity in Chinese Enterprises", *The World Bank Economic Review*, 2008.

Giudici, Giancarlo, Paleari, Stefano, "The Provision of Finance to Innovation: A Survey Conducted among Italian Technology-Based Small Firms", *Small Business Economics*, 2000.

Hottenrott, Hanna, Peters, Bettina, "Innovative Capability and Financing Constraints for Innovation: More Money, More Innovation?", *The Review of Economics and Statistics*, 2012.

Howel, Sabrina T., "Financing Innovation: Evidence from R&D Grants", *The American Economic Review*, 2017.

Jarboe, Kenan Patrick, Ellis, Ian, "Intangible Assets: Innovative Financing for Innovation", *Issues in Science and Technology*, 2010.

Kennedy, Scott, *The Fat Tech Dragon: Benchmarking China's Innovation*

Drive, Center for Strategic and International Studies (CSIS), 2017.

Lerner, Josh, Nanda, Ramana, "Venture Capital's Role in Financing Innovation: What We Know and How Much We Still Need to Learn", *The Journal of Economic Perspectives*, 2020.

Luong,Hoang, Moshirian, Fariborz, Nguyen, Lily, Tian, Xuan, Zhang, Bohui, "How do Foreign Institutional Investors Enhance Firm Innovation?", *The Journal of Financial and Quantitative Analysis*, 2017.

Popov, Alexander, Roosenboom, Peter, Ichino, Andrea, Schivardi, Fabiano, "Venture Capital and Patented Innovation: Evidence from Europe", *Economic Policy*, 2012.

Ughetto, Elisa, "Does Internal Finance Matter for R&D? New Evidence from a Panel of Italian Firms", *Cambridge Journal of Economics*, 2008.

责任编辑：张　燕

封面设计：胡欣欣

图书在版编目（CIP）数据

科技金融知识百问 / 张五明，杨涛主编 ；孟烨等副主编 . -- 北京 ：人民出版社，2025. 5. -- ISBN 978 - 7 - 01 - 027251 - 1

Ⅰ. F832 - 44

中国国家版本馆 CIP 数据核字第 2025DQ2329 号

科技金融知识百问
KEJI JINRONG ZHISHI BAIWEN

张五明　杨　涛　主编

孟　烨　刘　伟　等　副主编

人民出版社 出版发行

（100706　北京市东城区隆福寺街 99 号）

中煤（北京）印务有限公司印刷　新华书店经销

2025 年 5 月第 1 版　2025 年 5 月北京第 1 次印刷

开本：710 毫米 ×1000 毫米 1/16　印张：18.75

字数：190 千字

ISBN 978 - 7 - 01 - 027251 - 1　定价：69.00 元

邮购地址 100706　北京市东城区隆福寺街 99 号

人民东方图书销售中心　电话（010）65250042　65289539